これからの天皇制

令和からその先へ

原武史
菅孝行
磯前順一
島薗進
大澤真幸
片山杜秀

春秋社

これからの天皇制——令和からその先へ　目次

はじめに

本書は、日蓮仏教の「再歴史化」（時代相応の蘇生）を学是とする法華コモンズ仏教学林の二〇一九年度後期特別講座（全六回、二〇一九年一〇月から二〇二〇年五月まで）の内容をもとにした単行本である。主に日蓮門下を受講対象としたものであったが、この度、春秋社のすすめもあって一般向けの書物として発行されることになった。

象徴天皇制は、種々の問題があるにせよ、共同社会の衰退にともなう「契約社会化」（ブライアン・ウィルソン「西洋における世俗化の諸局面」）の結果としての、日本の共同社会の希少な「残地」である。本書が、日蓮門下に限らず、「これからの天皇制」に興味をもつ多くの一般の読者に読まれるようになることを期待したい。

法華コモンズ仏教学林がなぜ本講座を開いたのかについては後述することにして、本講座の成立までの役割分担について述べれば、発案は基本的に西山茂が、講師の人選と依頼は澁澤光紀が、そして授業当日の受付等は学林スタッフの面々が、それぞれ行った。授業のほとんどは新宿の日蓮宗常円寺の地階ホールを会場として対面形式で行ったが、最終回の授業だけはコロナ禍のために動画配信での授業となった。

以下、法華コモンズ仏教学林がなぜ講座のテーマに「これからの天皇制」を選んだのかについて、述べてみよう。

日蓮は後鳥羽上皇などが鎌倉幕府の北条義時によって遠島となった承久の乱の翌年の貞応元（一二二二）年に生まれているが、この乱がなぜ起こったのかということの解明が、一つであるべき仏教がなぜ乱菊の極みになっているのかということの解明とともに、やがて日蓮の出家向学の重要な動機となる。

日蓮はのちに後者の疑問への回答として法華経中心主義に逢着するが、この「實乗の一善」（日蓮「立正安国論」）に違背する「謗法」（具体的には真言僧等による朝廷側の対幕府調伏祈祷）が前者の原因であったと述べている。日蓮にとっては二度にわたる元寇の原因も同じ「謗法」で、しかも蒙古王のことを謗国日本の諫め役の「隣国の賢王」（日蓮「報恩鈔」）とまでいっている。蒙古調伏は、日蓮の願うところではなかった。

にもかかわらず、近代になると日蓮仏教は国家主義化して、天皇制との結びつきを強める。田中智学（国柱会創立者、一八六一～一九三九）や清水梁山（岡本天晴らの「清水梁山師年譜」によれば、一八六四～一九二八）の日蓮主義的国体論は近代天皇制が学校教育を通して国民のなかに広く深く浸透した日露戦争後に勃興した「二次的国体神話」（拙著『近現代日本の法華運動』春秋社、二〇一六年）である。

これを日蓮仏教の一種の「再歴史化」であるとみてもよいが、反面、それは近代日本の「国体」に足を取られて、いまでは「脱歴史化」とさらなる「再歴史化」を余儀なくされているものであるともいえる。

田中によって「国体」の内実をなすとされた、神武天皇の建国の際の三つの道義的理想（積慶・重暉・養正）と日蓮仏教の三大秘法が契応しているとか、この実行によって世界統一を推し進めることが日本国家の「天業」であるとかいったことを、田中が最初にいったのは明治三七（一九〇四）年のことであったが、彼のまとまった日蓮主義的国体論は大正一一（一九二二）年に出版された『日本国体の研究』（天業民報社）を俟たなければならなかった。ここで彼は、「法華経を形にした国としての日本と、日本を精神化した法華経」といっている。また、彼は、実相が「本国土妙」（久遠本時の娑婆）である日本の天皇がやがて世界を道義的に統一するともいっている。

他方、清水のまとまった日蓮主義的国体論は、彼が明治四四（一九一一）年に上梓した『日本の国体と日蓮聖人——一名、王仏一乗論』（慈龍窟）のなかに示されている。そこで彼は、「仏の本地は転輪聖王にて、すなはち日本国の大君にて坐す」とか、「（妙法曼荼羅の）中央七字の本尊は必我が一神一皇たらざる可からず」とかいって、天皇本尊論を主張している。なお、この本尊論は、昭和一〇年代に高佐貫長（日煌、一八九六〜一九六六）や高橋善中らへと引き継がれた。

だが、日本が戦争に負けた昭和二〇（一九四五）年以降になると、「国立戒壇」をいっていた戸田会長時代の創価学会を除けば、日蓮仏教界は日蓮主義的国体論だけでなく根本的な教義である「本門の戒壇」すら、ほとんど説かなくなった。

日蓮正宗との関係変化にともなう戒壇論や本尊論についての創価学会の著しい変貌ぶりについては、別著に譲りたい。

ところで、日本史のなかで天皇親政の時期はごく短く、例外的であった。なかでも、西洋の君主制を真似た近代の天皇制は、異例でさえあった。実際のところ、カイゼル髭と軍刀で身を飾り、皇軍を統帥した明治天皇と、体育館のなかで膝を折って被災者と語り、日本国民の象徴の体現につとめた平成の天皇が、同じ位の天皇であるとはとうてい思えない。

しかし、これ以上の天皇制の議論は、本書の執筆者たちにまかせることにしよう。

二〇二〇年八月

法華コモンズ仏教学林理事長　西山　茂（東洋大学名誉教授）

これからの天皇制——令和からその先へ

第一講　「平成流」とは何だったのか

原　武史

目次

平成の天皇皇后、出会う

今日は平成流とは何だったのかというテーマで話をいたします。参考書に、今年（二〇一九年）出した『平成の終焉』（岩波新書）を指定しています。平成流、つまり前の天皇・皇后のスタイルとはなんだったのか。四月三〇日に前天皇が退位し、五月一日に新天皇が即位して元号が変わった。それから七ヶ月近く経ったわけですが、しかし、我々の脳裏には依然として平成という、約三十年あった時代がなお、色濃くあると言ってよろしいかと思います。それは代替わり、改元の仕方がこれまでと違ったからです。

明治にできた皇室典範にしても戦後の皇室典範にしても、天皇は終身在位と規定されている。ところが二〇一六年八月八日の「おことば」で、天皇が退位の意思を強くほのめかした。それを受ける形で有識者会議が立ち上がり、特例法ができた。それによって一代限りの例外として退位を認めるが、皇室典範は変えないという結論に至った。その結果、一九世紀前半の光格天皇以来の退位が実現したわけです。

明治から大正、大正から昭和、昭和から平成の代替わりの時は、前の天皇が死去して、次の天皇が即位をした。完全に前の天皇がいなくなって、次の天皇が即位するプロセスでしたが、今回はそうではない。前の天皇は上皇として存在している。そこが違うわけです。元号は令和に変わったわけですが、まだ平成の影が漂っている印象を受けるわけですね。そうすると、新しい天皇が前面に出てきているものの、細かく検討すると、平成の天皇皇后の存在、ある種の「力」が宮中でまだ作用している気もします。

今日のテーマは、平成流。一九八九年から二〇一九年までの三十年間が平成だったから、平成流と聞いて反射的に思い浮かべるのは、平成の三十年間だと思いますが、平成流が平成になって突然出てきたのかというと、そんなことはない。

平成の天皇と皇后、すなわち明仁と美智子がどのように知り合い、結婚したか。非常に有名な軽井沢のテニスコートの恋があったわけです。明治以降の皇室は、京都から東京へやってきて、江戸城が皇城、次いで宮城と改称される。江戸時代には江戸城の本丸に本丸御殿があって、将軍はそこで政治や儀式をしていましたが、その本丸は幕末に全焼して再建されることはありませんでした。京都からやってきた天皇は西の丸御殿に入り、ここを皇居に変えていく。しかし、ここも一八七三（明治六）年に全焼してしまい、しばらく天皇は赤坂離宮で暮らしていたわけですけれども、その後、一八八八（明治二一）年に明治宮殿が旧・西の丸御殿のあったところに完成し、一八八九年一月に天皇と皇后はそこに移る。翌二月に大日本帝国憲法が発布され、明治宮殿の正殿で憲法発布の式典が行われたわけであります。一九四五（昭和二〇）年五月の空襲で明治宮殿は全焼しますけれども、その二年前まで天皇と皇后はそこで暮らしていました。

明治中頃に、御用邸が日光、葉山、沼津にほぼ同時にできます。それは当時皇太子だった大正天皇が病弱だったので、療養場所としてできたわけです。明治天皇は一度も行きませんでしたが、大正天皇はしばしば夏や冬に避暑や避寒のために御用邸を利用するようになります。それは昭和天皇も同様で、大正末期には那須にも御用邸ができ、昭和天皇は那須や日光、葉山を天皇になってからもしばしば利用したわけであります。それは戦後も、日光がなくなったのを除けば基本的に変わりませんでした。

明仁という人は、一九三三（昭和八）年一二月二三日生まれ。生まれた時から皇太子でした。戦後、占領期にヴァイニングという女性がアメリカからやってきて、皇太子の家庭教師となって英語を教えた。このヴァイニングのために、軽井沢にいわば別荘が用意されました。この人に連れられて、皇太子が軽井沢へ行くようになります。御用邸が別にあるにもかかわらず、夏には軽井沢へ避暑に行くようになったんですね。この頃から、皇太子明仁と軽井沢の間に強いつながりができました。ヴァイニングがアメリカへ帰ってからも、皇太子は夏に軽井沢に滞在する習慣を変えなかった。その時に利用されたのが千ケ滝プリンスホテル。ここはかつて朝香宮別邸でした。そこを堤康次郎がプリンスホテルに変えた。プリンスホテルというくらいだから、一般のホテルのように聞こえますが、事実上、皇太子のための別荘で、一般の人は宿泊できませんでした。毎年毎年、皇太子が軽井沢へ行くようになる。それが正田美智子との出会いを運命づけるわけですね。正田家の別荘も軽井沢にあった。テニスの試合を行ってダブルスを組むようになる。ここから恋が芽生えたと言われています。

一九五八（昭和三三）年一一月、二人の婚約が発表されました。これが全国民に衝撃を巻き起こした。正田美智子は平民の娘だったので。平民とはいえ当然ながら相当なブルジョワですけれど、旧皇族や旧華族の出身ではなかった。それまでは明治天皇にしても大正天皇にしても昭和天皇にしても相手の女性は必ず華族か皇族だったわけですね。明治天皇の皇后は一条家、大正天皇の皇后は九条家。いずれも五摂家と言われる格式の高い家柄。昭和天皇の皇后は久邇宮家ですから皇族。そういう家柄の女性しか、候補に選ばれなかった。ところが戦後、皇族が減って華族がなくなり、平民出身の女性がいきなり選ばれて婚約者として発表されてフィーバーになって、それがミッチーブーム。

当然、いろんな反発がありました。特に香淳皇后、元皇族の女性などは強く反発したと言われましたが、昭和天皇は大変期待をしていると言って終始一貫支持したわけですね。

昭和天皇の強い支持もあり、結局、明仁と美智子は一九五九年四月に結婚する。ここから二人の新たな生活が始まったわけです。

平成の天皇皇后、スタートを切る

二人はそれまでの結婚とはかなり違うスタートを切ったわけですが、翌一九六〇年二月二三日に第一子が早くも生まれている。それが浩宮徳仁親王、今の天皇。最初に生まれたのが男子だった。すぐに跡継ぎができたということ。これは、大正天皇の皇后である貞明皇后と似ています。明治天皇の皇后だった美子は、実は子供ができなかった。明治天皇の子供たちはみんな側室の子。大正天皇は柳原愛子という側室の子供。昭和天皇の皇后良子も、四人続けて産まれたのが女子だった。ずっと男子が生まれない。一九三三年に明仁が生まれますが、五人目だった。相当苦しんだわけです。

ところが、大正天皇の皇后節子は、一九〇〇（明治三三）年に嘉仁、のちの大正天皇と結婚し、翌年に裕仁、のちの昭和天皇を生んだ。節子は三人続けて男子を生んだ。一九〇一年、一九〇二年、一九〇五年という具合に。それが節子をして宮中での力を強めた大きな要因になりました。美智子は一九五九年に結婚し、翌六〇年には男子を生んだことで、順調なスタートを切ったと言っていいと思います。

そして一九六〇年九月には早くも訪米する。皇太子夫妻が二人で外国を訪問したのは初めてでした。昭和天皇は一九二一（大正一〇）年の訪欧以来、外国に行ったことがなく、香淳皇后は一度も外国に行ったことがなかった。一九六〇年は六〇年安保で国内が騒然としており、羽田が危ないとして予定していたアイゼンハワーの訪日ができなかった。そのお詫びとして送られたのが皇太子夫妻だった。そういう意味では最初の訪米から、政治的な匂いのする訪米だったと言えると思います。

面白いのは訪米の直前に、皇太子夫妻が東京郊外の団地を訪れていること。団地については『団地の空間政治学』（ＮＨＫブックス）という本の中で詳しく論じているので、ご興味がある方はそれをご覧いただきたいです。

東京郊外にひばりが丘団地という団地がありました。西武池袋線に「ひばりヶ丘」という駅がありますが、もともと「田無町」という駅だったのが、ひばりヶ丘に駅名を変えたんですね。団地の名称が駅名になる。当時はそういうことはよくあって、西武新宿線の「新所沢」、小田急小田原線の「百合ヶ丘」、今は「獨協大学前（草加松原）」に改称されたけれども東武伊勢崎線の「松原団地」、新京成線の「常盤平」や「高根公団」などもそう。

それがブームだったわけです。

訪米直前になぜひばりが丘団地へ行ったか。当時は団地こそが最先端の住宅で、アメリカ的なライフスタイルを日本で最もよく実現した住宅だと思われていたからです。でもよく考えれば、２ＤＫで四十平米くらいしかない、ごく狭い間取りの家。それが、なぜ、最先端のアメリカ的ライフスタイルを実現していると思われたか。それは、当時の団地というのは家電製品完備で、テーブルに椅子の生活、朝からトースターでパンを焼き、ジューサーやミキサーでジュースを作る、そういう生活が一番実現していると思われていたから。そういうライフスタイルを皇太子夫妻が見学をするということは、日本で一番アメリカに近い生活が団地で実現されていると思われていたからなんですね。

翌年の一九六一年からこの二人は、全国各地を一緒に回り始めます。皇室用語で行啓。行幸は天皇、行啓は皇后や皇太子の外出を意味します。天皇や皇太子が頻繁に行幸、行啓を繰り返すのは明治になってからで、古代にも桓武天皇までは地方視察をしていますが、それ以降は基本的に天皇はずっと京都にとどまっていた。明治になっていきなり六大巡幸といって北海道から九州まで各地を回るようになります。大正天皇も昭和天皇も、皇太子時代から積極的に全国を回っている。大正天皇は皇太子時代に、沖縄県を除くすべての道府県と大韓帝国を訪問しています。昭和天皇も皇太子時代に、すでに沖縄県を含むすべての道府県に加え、台湾・樺太の植民地を訪問している。明治以降の天皇は、こうして全国各地を積極的に回るようになりましたが、いずれも単独で、皇太子妃や皇后が同行することは少なかった。ところが明仁になると、皇太子妃と二人で全国各地を回るようになる。それは明治・大正・昭和の天皇と全く違っていました。

　この二人が最初に本格的な地方視察を行ったのは長野県でした。新宿から中央本線を走る特別列車に乗って、松本まで行きました。この時に、養護老人ホームに行っています。現在もありますが穂高の「安曇寮」という老人ホームを訪問しました。

　安曇寮では、皇太子妃が老人たちにひざまずいています。自分からひざまずいて、一人一人に言葉をかけたのです。それは地元紙の信濃毎日新聞に、写真入りで大きく報道された。それを私も国会図書館の新聞資料室で見ました。これは平成流の幕開けを告げる出来事といってよかったかもしれない。

昭和天皇の行幸

明治・大正・昭和は基本的に天皇、皇太子が単独で全国を回ったので、パートナーの女性は一緒にいない。昭和天皇の場合、一九二一（大正一〇）年一一月にすでに摂政になっている。大正天皇の体調が悪化したためだと言われていますが、摂政になってからの昭和天皇は事実上の天皇として全国各地を回ります。

　摂政を迎えるため、飛行場とかグラウンドとかに奉迎場が作られ、何万という人が集まってくる。そこには台座があって、裕仁が乗る。すると何万という人が整然と分列行進したり万歳三唱したりする。いわば、君民一体となる大規模な儀式が行われたわけです。これをどこでもやっており、天皇になってからも続けました。場所によっては十万を超えるような人たちが、たとえば大阪の城東練兵場などは十数万もの人々が、一糸乱れぬパフォーマンスを繰り広げた。

　これは敗戦後の戦後巡幸にも引き継がれています。一九四六（昭和二一）年から一九五四（昭和二九）年にかけて昭和天皇はもう一度全国を回っています。これを戦後巡幸というんですけど、最初は神奈川県でした。一九四六年二月に川崎と横浜に日帰りで。一九五四年の北海道が最後で、北海道には皇后が同行しましたが、戦後巡幸はそれまではほぼ昭和天皇単独です。そうすると各地にまた同じような奉迎場ができる。自発的にやるんです。何万人も集まってきて、また万歳三唱したり君が代斉唱したりする。天皇と臣民・国民の関係性は一対多です。昭和天皇は抽象的な国民・臣民を見ており、一人一人の具体的な顔は見ていない。

ところが、国民にとっては、一斉に君が代斉唱したり、分列行進したりすることで、天皇と自分がひとつになっている感じを受ける。そこにえも言われぬ感動がもたらされる。その光景を目のあたりにすることで、ここに国体があると感じる。こんな素晴らしい国が他にどこにあろうかと感動する。これが一九二一年から戦後にかけて、ずっと行啓や行幸のたびに繰り返されてきたことです。

平成流のはじまり

ところが一九六一年に長野県穂高の安曇寮で、皇太子妃美智子は自分からしゃがんだ。昭和天皇であれば、当然仰ぎ見られる存在だから台座に乗る。何万という臣民は、そこに立つ天皇を仰ぎ見ながら、万歳し、斉唱し、行進する。それが繰り返されてきましたが、一九六一年の安曇寮では、皇太子妃が自分からひざまずき、同じ目の高さに合わせ、一人一人の顔を見て、違う言葉をかけていく。明らかに、そこには一対一の関係性がある。一人一人の違う顔を見て、違う言葉をかけることで、一人一人の国民との間に、昭和天皇の時になかったような新たな関係性が生まれています。

これは、非常に大きな変化なんです。小さな出来事だが、大きな一歩。信濃毎日新聞の写真を見ると、このとき皇太子は横で立っている。ひざまずいているのは美智子だけ。皇太子の態度は昭和天皇と同じで、立って老人たちを見下ろすというものでしたが、皇太子妃はひざまずき、老人と目線を合わせて言葉をかけた。

皇太子夫妻は、一九六二年には宮崎、鹿児島、熊本の三県を訪れています。ルートは、まず大阪までは、新幹線開通前なので東海道本線の特急で移動し、大阪空港から宮崎空港まで飛行機に乗っています。当時は飛行機自体が高嶺の花で、庶民が乗れるものではなかった。しかし、まだ二十代の皇太子夫妻が飛行機で宮崎へ行ったことが、新婚旅行ブームを生み出した一つのきっかけとなったと言われています。宮崎が新婚旅行の地として脚光をあびるようになるんですね。

宮崎では、青島寮という宿泊施設に泊まっている。この時初めて、皇太子夫妻が行ったのが懇談会。自分たちより少し若い世代である十代後半から二十代前半の男女五人〜一〇人くらいを相手に、その地域で起きている問題を、徹底的に一〜二時間かけて議論した。こういう会合を新たに始めます。これも、それまでの天皇の在り方を踏まえると、非常に大きな変化と言っていい。

なぜなら明治天皇にせよ、昭和天皇にせよ、彼らが受けた教育は「余計なことは喋るな」というものだったからです。天皇になる人物というのは、思ったことを何でも口に出してはいけない。そこには儒教的な教育がありました。「巧言令色、鮮《すく》なし仁」という言葉があるように、仁が天皇として重要な徳目で、臣民に普遍的な愛情を及ぼさなくてはいけない。これは巧言令色とは矛盾するのだという教育。巧みに言葉を操るというのは、表面的なものにとどまってしまう。仁というのはもっと深いものであって、深い愛情を及ぼすには言葉の上っ面に頼ってはいけない、という教育を受けているわけです。明治天皇であれば元田永孚という侍講がおり、昭和天皇であれば杉浦重剛。彼らが天皇としてふさわしい徳とは何か、徹底的に教えたと言っていい。例外は大正天皇で、大正天皇は完全に失敗。思ったことを何でも言ってしまう。だから面白いのだけれど、地方へ行った時にいろんなことを言っていて、それを地域の新聞が丹念に拾っている。これについては私の『大正天皇』（朝日新聞出版）という本に挙げてありますが、実に面白いことを言っている。

　大正天皇のようになってはいけないと、反面教師のようにして教育されたのが昭和天皇だったわけです。そのようにして昭和天皇のキャラクターはできてしまったのです。戦後巡幸で昭和天皇は一生懸命、国民に声をかけようとするのですが、言葉が出てこない。言葉をかける習慣がなかったから。だから何を言われても、「あ、そう」になってしまう。

それが有名になってしまった。何を聞かれてもいつも「あ、そう」。戦後巡幸はＭＰが同行するわけですけど、後ろでＭＰたちがみんなで「Ah, so !」とものまねするというコメディーのような光景があったと言われています。昭和天皇はそれまで一般の人と話をする習慣がなかったのです。

ところが明仁・美智子夫妻はそこを一八〇度変える。それが懇談会でした。二時間も一般の人と議論し続けるというのは、普通の人でも難しいと思います。二人は各地を訪れる前に、必ず予習していく。例えば東北地方ならば、雪が深いとか、出稼ぎをするとか、男手がないとどういう問題があるか、ということなどを二人は事前に調べている。懇談会で一緒に話をするのは、何の肩書きもない人たち。それまでは皇太子や天皇が地方訪問したときに会うのは「偉い人」でした。知事や地元の校長とか、高名な学者とか、会社の社長という偉い人としか会わなかった。ところが皇太子夫妻は、「それでは地方の本当の姿はわからない。若くて現役で働いているような人、自分たちより少し若いような人、全く無名の人と会わなくてはいけない」と考えるようになり、そういう人を選抜させました。

旅館や公共施設の一室を借りて、五人〜一〇人集める。皇太子夫妻が臨席をして、最初に皇太子が司会役になり、話をさせる。最初はみんなコチコチに硬くなっているが、さすがに一時間もすると座が和んできて、本音が出てくる。そこでさらに会話をリードするのが皇太子妃だったらしいんです。つまり、最初は皇太子が司会役、ところが座が和むと入れ替わる。皇太子妃は実に巧みに、座を盛り上げるらしい。どんどん話を引き出す。するとまた皇太子夫妻が言葉を投げかけていく。これは明治から昭和までのスタイルとは全く違ったものです。

なるべく言葉を慎むどころか、積極的にコミュニケーションする。その能力が地方へ行くたびに培われていく。私の調査では、少なくとも一九六二（昭和三七）年から一九七七（昭和五二）年まで十五年くらいはずっと続けていたことがわかっています。地方紙を調べることでわかりましたが、これは結構大変で、国会図書館に連日通って、北は北海道から南は沖縄まで、各道府県の全部の地方紙をあたったわけです。私は国会図書館に勤めていたことがあるので知り合いがいるのがいやだったけれど続けました。このあたりの資料を宮内庁は持っているはずですが、公開しないんですね。宮内庁に聞いてもわからない。不思議なことですよね、そんなに昔の話じゃないのに。懇談会については、宮内庁担当の記者も知らなかった。この懇談会で普通の人と話すことで、二人の言語能力が相当磨かれたのではないかと思います。

美智子妃の危機

一九六三年に皇太子妃が第二子を流産している。皇太子妃は精神的な危機に陥り、葉山にこもり、そのあと国民体育大会夏季大会に出席するため、夫妻で山口県へ行っています。こもっても長くなく、すぐに山口県へ行き、また若い青年男女と話をして、時には青年の答えに笑う。どういうことかというと、美智子妃の場合は、すぐに御用邸から出てきて、普通の人と会話をすることで危機を乗り越えている。これが雅子妃と違うところです。

美智子妃は皇后になってから、もう一度危機がありました。一九九三（平成五）年にバッシングを受けた。昭和天皇と香淳皇后が住んでいた吹上御所に代わる新しい御所ができたのがきっかけでした。この時、火付け役になったのは週刊文春。新しい御所は吹上御所よりも部屋が多すぎる。それは皇后の趣味で、贅沢だ。昭和天皇、香淳皇后は質素に暮らしていたのに対し、平成の皇后はまるで違う。自分の趣味のための、無駄な部屋をたくさん使って、無駄な金を使っている、という批判をしました。それを皮切りに、次々と非難が出てきた。月刊雑誌「宝島30」では、大内紀を名乗る宮内庁職員を自称する人物が内部事情を書いています。

ショックを受けた皇后は、同年一〇月二〇日の誕生日に声を失ったと言われています。しかし翌一一月には全国豊かな海づくり大会に出席するため、四国へ天皇と一緒に行っている。愛媛、高知へ訪問した時、まだ声が出ませんでしたが、手話を使って地元の人とコミュニケーションを交わしました。この時もこもらずに出てきて、普通の人と会話をしている。こういうことを繰り返すことで、むしろ体調が回復していった。

ここが雅子妃と違うところで、雅子妃は体調を崩した二〇〇三年以降こもってしまい、皇太子が単独で地方訪問をする時期がずっとありました。美智子妃は二度大きな危機があったが、いずれも外へ出ることで乗り切ったというところが違うわけです。美智子妃の場合は、非常に言葉というものを大事にする。言葉を通して人々とつながることを、かなり強く意識しているように見える。

昭和の段階で、それまでの昭和天皇、香淳皇后とは相当違うスタイルを作っていたということです。ただ、昭和という時代は、天皇と皇后が上にいるので、新聞は必ずしも二人について詳しく報道していない。長野県に行った時に信濃毎日が大きく報道したと言いましたが、あれは地方紙だからです。地方紙はかなり大きく報道しても、全国紙は行啓という事実すら出ないことがある。全国紙だけ見ていても、どこに行ったかわからないことがあるわけです。

本当のファミリー

徳仁が生まれた後、第二子を流産し、その後一九六五（昭和四〇）年に礼宮文仁親王（後の秋篠宮）、一九六九年に紀宮清子内親王が生まれる。美智子妃は初めて、宮中で本当の意味でのファミリーを確立させます。それまでは里子に出すという慣習があったわけです。第三者に預けて、同じ家の中でいっしょに暮らさない慣習があった。

昭和天皇と香淳皇后はその慣習をなくそうとしました。香淳皇后は乳母《めのと》を廃止し、第一子照宮成子を手元で、母乳で育てている。しかし、それは当時の貞明皇后や高松宮からすごく非難されました。結局自分たちで育てたから、照宮を甘やかしてしまったじゃないか、と。照宮が小学校に入学する時には、従来通り引き離し、第三者の元で厳しく育てなくてはだめだ、と言われ、その後の子供たちは別々に育てられました。

ところが、皇太子明仁・美智子夫妻は最初から全て自分たちで育てた。乳母もなくし、美智子妃が直接育てた。ようやくこの段階で、皇室に本当の意味でのファミリーが出来上がったと言っていいわけです。皇太子夫妻は地方へ出かけるときには、必ず子供たちのことを心配している。

そして一九六四年から公式の地方訪問とは別に、子供たちのための旅行を始めます。この年は千葉県南房総へ行っている。当時四歳の浩宮を連れて、両国から急行「内房」で館山まで行く。あくまで私的な旅行と銘打っていましたが、この夫妻と四歳の浩宮見たさに多くの人が殺到した。千葉の駅は大混乱しましたが、県内で二泊している。

こういう私的旅行を何度かしており、軽井沢にはもちろん私的に行っていましたが、新たにファミリーが水入らずで過ごせる場所を見つけました。それは浜名湖。東海道新幹線から見える浜名湖より、もっと奥。天竜浜名湖鉄道の沿線の西気賀の近くに、湖に突き出た小さな半島があって、そこを地元の人はプリンス岬と呼んでいます。六〇年代から七〇年代にかけて、何度も皇太子一家が過ごした場所だからです。

そこに一企業の保養所があり、そこを借り切って、海水浴や魚釣り、花火など、子供たちに普通の子供と同じ体験をさせた。その保養所自体はそんなに広くなく、一二〇～一三〇平米くらいの平屋建て。そこで一家五人で過ごす。こうした団欒も昭和天皇まではなかったわけです。基本的にバラバラに住んでいるから。明仁・美智子夫妻は、子供たちのためにそこまでした。浩宮、礼宮は、地元の野球チームに加えさせてもらって、そこで地元の子供と野球の試合までしている。平成の天皇皇后の皇太子時代を見ると、かなりいろんなことをして子供たちのために前例を破っていることがわかります。

右派の危機感

一九八〇年代になると、かなり右派が危機感を持つようになってくる。昭和天皇の体力が、明らかに衰えていったからです。香淳皇后はすでに一九七七年に那須御用邸で体調を崩し、だんだん表に出なくなっていった。もう昭和は長くない、ということが誰の目にも明らかになってきた。そういう時に危機感を持つのは右派勢力で、天皇を権威づけるための新しい儀式を作っていきました。その一つが一九八六（昭和六一）年の昭和天皇在位六十年の式典。この時に、昭和天皇が夜、二重橋に出てきて、皇居前広場を人々が埋め尽くし、提灯を持って君が代斉唱をする。

先日の一一月九日、天皇の即位を祝う国民祭典がありましたが、皇居前広場での「奉祝」式典を最初にやったのがこのときです。夜の二重橋に昭和天皇が出てきたというのは、一九三八（昭和一三）年の武漢陥落の時以来だったのではないかと思います。昭和天皇の先が長くないという時に、戦中期の儀式を復活させ、新たな儀式のスタイルを作る。これを皇太子夫妻に対しても行うようになるわけです。

一九八七年、ついに昭和天皇に癌が見つかります。病名は公表されませんでしたが、その年に予定されていた沖縄への行幸が中止され、名代として皇太子が沖縄へ行きました。それ以降、天皇が行ってきた定例の行幸を皇太子夫妻が代行するようになります。香川県で全国植樹祭が翌年ありましたが、そこで初めて、皇太子夫妻に対しても提灯奉迎が行われました。

　提灯奉迎とは皇太子夫妻が泊まっているホテルに、人々が提灯を持って行列で訪れ、万歳をするというものです。先日、現天皇と現皇后が伊勢神宮へ行った時、あるいは神武天皇陵へ行った時にも提灯奉迎をしていましたが、これは昭和末期からするようになったものです。

　ホテルの一番上の階にだいたい天皇皇后は泊まっており、そこに二人が提灯を持って現れる。この提灯奉迎は、皇太子妃美智子が一九六一年から始めた自分からひざまずくスタイルとは真逆とも言えます。天皇を高みにおいて、人々はその天皇を仰ぎ見て万歳をする昭和式のスタイル。この昭和式のスタイルを保持したい人たちが危機感を持って始めたのが提灯奉迎。これは、平成になっても受け継がれていきます。定例の行幸啓の際に地方のホテルで、平成の三十年間ずっと行われ、令和の行幸啓にも受け継がれています。

災害のなかでの平成流

明仁と美智子は天皇皇后になると、新しい行幸のスタイルをまた作っていきます。一九九一（平成三）年六月、長崎の雲仙普賢岳で大火砕流が起きた。この時に、日帰りで民間飛行機に乗って長崎へ行き、被災地の島原の体育館に収容されていた被災者を訪ねた。二手に分かれ、ひざまずいてそれぞれ言葉をかけた。

　これは、その時突然できたスタイルではありません。一九六一年に長野県を訪れたときから、ずっと美智子妃は続けていた。地方紙の写真を見ていると、一九六〇年代後半から、明仁も一緒にしゃがむようになる。それを、天皇皇后になって、災害が起こったときに被災地へ行って同じことをまたやっただけです。皇太子（妃）の時は地方紙でしか取り上げられませんでしたが、天皇皇后になると全国紙やテレビで大々的に報道されました。すると、その場面が大きく写ることになり、大きな衝撃を国民に与え、反響を呼んだ。ひざまずいたことが、昭和と全然違う平成の幕開けを告げる出来事のように映ったわけです。

　それ以降、平成の天皇皇后は、奥尻島、阪神淡路、新潟中越など、大きな地震が起きるたびに被災地を訪問し、言葉をかけるということを一貫して続けてきた。すると、いくら右派が頑張って日本会議などを動員して提灯奉迎をしても取り上げられない。メディアが取り上げるのは、被災地で膝をつく二人の姿。そちらばかりが報道されると、ひざまずくスタイルがいわば平成流として定着していきます。だから、右派としては非常に悔しい思いをしただろうと思います。

日本会議の人たちは、平成の天皇皇后をよく思っていなかったのではないかと私は思います。だからこそ令和に期待しているわけでしょう。もう一度昭和に戻したいという思いがあり、一一月九日の国民祭典には「天皇陛下万歳」を四十八回も繰り返した。「和」が重なっているところが、あやしいなと私は思っています。

明仁・美智子夫妻は昭和の時点で「平成流」をすでに作っていて、天皇皇后になってからも続けていった。被災地への度重なる訪問で、それが知れ渡るようになっていった。それが決定的になったのが東日本大震災3・11。七週連続で被災地を回り、その姿が毎週テレビや新聞に大きく報道されました。

もう一つ、平成の天皇の非常に大きな力、権力を見せつけられたのが、3・11から五日後、二〇一一年三月一六日のテレビでの「おことば」でした。地震・津波・原発事故という未曾有の災害が起きて、人心が極度に動揺した。その中で行われたものでしたね。あの時、政治家の影響力が、いかにちっぽけかということを見せつけられたわけですが、明仁がテレビに出て国民を励ますと、動揺していた人心がすっと収まっていくような印象を多くの人が受けた。改めて天皇が持っている力の大きさというものを見せつけられたような気がしたわけですね。

その前年の二〇一〇年、参与会議の席上で、明仁は退位の意思をすでに漏らしています。退位の意思は示したものの、二〇一二年に成立した第二次安倍政権はそれに対して十分な対応をしなかった。そこにはある種の本音があると思います。

安倍政権は皇室典範を変えたくない。なぜかといえば、憲法は大日本帝国憲法から日本国憲法へ大きく変わったわけですが、明治の皇室典範の根幹に当たる部分は、戦後の皇室典範に受け継がれているからです。それは大きく分けて二つあり、一つは皇位の継承を男系男子に限ること。もう一つは天皇の終身在位を規定していること。この二つを明治の遺産だと考えているのではないかと思います。天皇の退位を認めることは、終身在位の原則を変えることを意味しますから、皇室典範を改正しなくてはいけない。それはやりたくない。明治の遺産を守りたい。そうしていたずらに時が過ぎ、最終的にしびれを切らした天皇がテレビに出演して退位をにじませ、それを支持する世論がつくられた。

そこには、3・11の五日後に天皇がテレビに出演した前例がありました。それをもう一度やったのが二〇一六年八月八日の二回目のテレビの「おことば」だった。もう一度やれば、多くの国民が支持するということをあらかじめ想定した上でやったと思います。果たしてその通りになった。多くの国民は天皇の退位を支持した。結果、政府もそれに対応した動きを取らざるをえなくなり、有識者会議が立ち上がり、御厨貴さんが座長代理人となって、ことを進めていった。

なぜ私が放送大学の教員になったかというと、御厨さんが辞められたからです。有識者会議は、政府と世論の双方の顔を立てるようなことをやりました。世論を無視することはできないから、天皇の退位はさせるが、皇室典範そのものは変えない。これは安倍政権に対しても顔を立てたということ。その結果、特例法を作り、一代限りの例外としては認めるが、皇室典範は変えないという、実にうまいことをした。その結果、天皇は今年（二〇一九年）四月三〇日に退位することになった。

平成流の立役者、美智子妃

平成流というものを形作ってきたのは、明仁ではなく美智子ではないかと思います。美智子はなぜ最初にひざまずいたのか。ここにはカトリック的な匂いがするわけです。つまり、正田家自体がカトリック的な家柄ですが、美智子は小学校から大学までカトリックの学校で過ごした。小学校は雙葉、のちには湘南白百合、中学から大学までは聖心、一貫してカトリックの学校へ通い続けたというのがまず一つあります。

それから、宗教の観点から、昭和天皇がなぜ正田美智子を支持したかも考える必要があります。カトリックというものが、ひょっとしたら重要な鍵を握っているのかもしれない。先日もフランシスコ教皇が新天皇と皇居で会っていましたが、一九二一（大正一〇）年三～九月、当時の皇太子裕仁が、摂政になる前にヨーロッパへ行きました。その行程の最後にバチカンへ行き、当時のベネディクト一五世と会談している。当時、裕仁は二十歳。ものすごく大きな感銘、強い印象を受けて帰国した。「カトリックの教理は確立した国体・政体の変更を許さない」と言われる。「将来、日本帝国とカトリック教会と提携して進むこともたびたびあるべし」という予言めいたことも言われて帰ってきました。ここから、ローマ・カトリックと日本皇室のつながりができていくわけです。

昭和天皇は開戦直前の東條内閣の時も、東條に対して「ローマ法王を通じた時局収拾の検討」という、東條も考えていなかったようなことを言っていて、それが『昭和天皇実録』から明らかになっています。敗戦後の昭和天皇は一時期かなりカトリックに接近していました。宮中に神父や修道女を招き、神父に親書をもたせてバチカンへ送ったりしている。相当頻繁にカトリック関係者と面会していた事実が、『昭和天皇実録』から浮かび上がってきました。改宗するのではないかという噂もあり、当時の朝日新聞もその可能性について報道しているので、決して小さなものではなかったと思います。

占領期の昭和天皇はカトリックに親近感を持っていた。これは間違いありません。なぜかというと、おそらく、天皇は神道に対するある種の反省の念があったのではないかと思います。神道に引きずられ、戦争の終結が遅れてしまったという思いがあったのではないか。そのときに神道を捨てて改宗するという選択がありえたのではないか。

長い天皇の歴史を見ると、奈良時代の孝謙天皇から江戸時代の霊元天皇まで、出家した天皇は結構います。法皇になるケースがかなりあった。天皇の改宗は歴史的に見て、決して突飛ではないという考え方はあったのではないかという気がします。一九四五（昭和二〇）年、近衛文麿は昭和天皇を仁和寺に幽閉し、落飾させて裕仁法皇にするという計画をしていたようです。神道というものに固執することが、必ずしも天皇として正しい態度とは考えていなかったかもしれない。

このあたりは、憶測の域を出ないのですが、なぜ正田美智子に対してあれほど好意的な態度を示したか。美智子は受洗をしていないということで、皇室の最終的な会議はぎりぎりで通っている。宇佐美毅宮内庁長官が答弁しました。そういう経緯がありますが、昭和天皇にすれば、その点は問題ではなかったのではないか。本当の意味での宗教心があるかということが大事なんです。天皇自身、「こういう戦争になったのは、宗教心が足りなかったからだ」と言っている。神道というのは、本当の意味での宗教ではなかったと言っているようにも見えます。

そうすると、一九二一年にベネディクト一五世に会い、重要な言葉をかけられたことが大きく響いていたのかもしれない。正田美智子が皇室に入ってきて、カトリック的な振る舞いを見せる。それにいつしか明仁も感化されていく。また、二人は異様に宮中祭祀に熱心です。平成になって、年齢が上がっていくと皇后の出席回数は減りましたが、それまでは二人で一緒に宮中祭祀に出続けてきました。あの異常なまでの熱心さはどこからくるのか。ここは一番の謎と言っていい。

一般には、平成の天皇は、非常にリベラルで日本国憲法を守る、護憲的で、君が代日の丸の強制に対して反対するような発言もするイメージがありました。そういう言動をとって、左派の中には自分たちの味方だというような人もいますが、それだけでは平成の天皇皇后の全体像をとらえたことにはならない。なぜあんなに宮中祭祀に熱心なのか。宮中祭祀はほとんど明治になってつくられたもの。それをやらなくても、天皇制を否定することにはならない。江戸以前に戻るだけのことですから。ところが、作られた祭祀になぜあれほど熱心になれるのか。それは、単なる祭祀と捉えていないからではないかと私は思うわけです。ある種の宗教的コミットメントというものがそこにあるのではないか。その宗教とは何か。カトリックかもしれない。

これからの令和流

令和になり、皇室はどう変わっていくのか。私は相当変わるのではないかと考えています。今は「平成」が続いている。明仁・美智子が元気でいる間は令和流を出すのは難しいと思います。平成に気を使っている感じがある。しかし、二人がいなくなると、大きな転換が起きるのではないかと私は思っています。宮中祭祀も絶対ではなくなるのではないか。北は宗谷岬から西は与那国島まで、全市町村を回るくらいの勢いで、明仁と美智子が六十年間、全国を回ったスタイルも変わっていくと思います。天皇と国民の関係を、ひたすら強化してきたのが平成の三十年だと思いますが、もう少し日本人にこだわらない、外国人を含めるような天皇と人々の関係性が作られていくのではないかとも思います。

それは新天皇と新皇后が英語に堪能で、留学経験があるということとも関係します。明仁・美智子はこれだけ全国を回っていながら、平成の三十年間でほとんど外国人施設や学校へは行っていません。それもこれからどのように変わっていくか。それから慰霊の旅。もっぱらサイパン陥落以降、アメリカに負けた太平洋の島々しか行っていない。一九六〇年に訪米した時から、日米同盟の枠組みの中で動いてきた面がすごくある。それもこれからどうなるか。このあたりに個人的に非常に興味を持っているわけであります。

〔追記〕この時点では、二〇二〇年に新型コロナウイルスの感染が拡大することは全く予期できなかった。「相当変わるのではないか」という読みは結果的に当たったが、それは新天皇と新皇后が主体的に変えたわけではなく、新たな状況に応じて変えざるを得なかったのだ。早々に令和流を作らなければならない状況に直面しているわけである。

第二講　天皇制の「これから」

――その呪縛からの自由へ

菅　孝行

目次

はじめに——国家の権威への「信仰」

与えられた課題は「これからの天皇制」です。天皇制について考えるということは、日本国家が権威としてきたものへの「信仰」の将来を考えることを意味します。「これから」を考えるには、まず「これまで」について考えなくてはなりません。

人間は社会的動物といわれ、確かに一人では生きられない。だから人々は寄り合う。つまり、コミュニティをつくる。そこには共同性が生まれる。寄り合って出来た集団には、何らかの制御が不可欠となります。その規模は歴史とともに巨大化し、巨大化すれば、関係はインパーソナルになり、その制御には権力の支配と観念上の厳密な規範が必要とされるようになります。そのために、どの共同体でも、その共同体の支配を正当化している価値に対する「信仰」の装置が構築されてきました。それは「これまで」の人智にとって不可避・不可抗の必要悪だったといえます。

人間の集合の意識を結束させる観念のシステムは、共同性をうち固める方向に人心を誘導しますから、内部の人間の集合の意識は共同体の外部と対峙する性格を帯びます。構成員の集合的意識を外部と対峙させる規定力となる集合的観念は、人と人との直接的な信認の取り交わしの次元から切り離され、勢い、独立した構築物へと物象化されてゆきます。この「物象」は、外部と対峙する共同体の内部にある共同体の構成員にとって、自身を自身たらしめる不可欠の超越的な権威であると信じ込まれ、共同体の構成員はこの超越的「虚構」に縋って〈外部〉と対峙するように、刷り込まれ飼い慣らされます。「国家」の価値はこうして形成されました。

「国家」と呼ばれる人的集合の形態は、歴史とともに、単に肥大しただけでなく、性格を変容させ近代に到りました。近代国民国家という集合では、この政治共同体の構成員であるという自覚が、その国家権力の主権が及ぶ範囲の隅々にまで浸透します。それが、近代国民国家が、人智が歴史上到達した「最高度」に精緻な「虚構」たる所以です。

　この国で古代の天皇が大和で権力を掌握して以来、「これまで」天皇制と呼ばれた統治のシステムは、様々に変遷しながら、日本における国家の権威の源泉としての地位を保ってきました。松浦玲さんの『日本人にとって天皇とは何であったか』（辺境社）は、その変遷をきめ細かく描いています。その帰着点として生まれた近代国民国家としての天皇制は、目下のところ日本人の「知恵」が生み出した国家の「最高」の統治形態と言わなくてはなりません。「最高」とは、その広さ、構成員の人数、規定力の強さつまり拘束度を基準にしています。

権威が行き届く地域の広さも構成員の数も、構成員と権力との共犯性（国家価値の内面化＝一体感）の緊密度も、近世以前の天皇の統治とは比較になりません。山人とか、漂海漁民とか、日本国家に包摂されないで生活している集団以外は、権力の主権の及ぶ地域に生きる人間のほぼすべてが包括されているわけですから。また、戦前と戦後の天皇制を比較すると、その権威に対する抵抗感の希薄さにおいて、戦後のほうがはるかに高度だと私は考えた。強制が無自覚の順応に変わったということです。「象徴天皇制は天皇制の最高形態である」と、『天皇論ノート』（『天皇制問題と日本精神史』御茶の水書房に再録）に私が書いたのはほぼそのためです。

「国民」が自身を自身たらしめる支えと幻想できる限りにおいて、超越的権威への「信仰」は、崇敬・親和を伴います。もちろん崇敬も親和も覚えない別の対象への別の信認を求める個人は無数に存在しますが、国家が国家としての集合を維持できているということは、この共同体を構成する集合の規定力が、別の信認の作り出す規定力を凌いできたことを意味します。その規定力の強さが秩序の安定の指標になります。だから、国家権力は規定力を高めるために腐心するわけです。権力は、原資があれば「国家」への信仰を組織する対価に「国民」に恩恵を配分するようになります。ケインズ主義の政策とは、そういうものでもあったといえるでしょう。こうした「腐心」が破綻したとき、規定力は衰微し、共同性は瓦解します。権力に遺された手段は、暴力で威嚇し、押さえつけることだけです。「これから」の天皇制を考えることは、日本における国家の権威の源泉の運命を考えることであり、国家の権威のこの源泉にとってかわる、別の国家のありかたや、あるいは、国家ではない、どのような「共同」が可能かを考えることでもあります。

近代国家の支配

近代国民国家における「支配」には三つの位相があります。第一が市場原理、第二が〈法〉による統治、第三が「幻想の共同性」です。第一は資本制の支配、第二が政治権力による支配、第三は支配の正統性の「内面化」だといえます。第三の位相の「内面化」とは、支配階級に固有の私的な利害や価値を主権者があたかも普遍性であるかのように自発的に受容してしまうことです。この位相での「支配」は、支配の正統性を「信仰」する主権者の倒錯した集合的観念によって成立するといってよいでしょう。近代国家における「信仰」は、憲法規範や教育勅語や軍人勅諭や国体論や家族国家観の刷り込みを通じて「臣民」の「自明性」になりました。

ところで、近代国家の統治形態は、主権者が帰属する国家に抱く幻想の根拠となる権威の性格によって互いに異なります。フランス共和国では、いわばルナンのいう「日々の国民投票」（『国民とは何か』（インスクリプト））という、宗教ならざる「信仰」が主権者の紐帯となりました。大英帝国は英国国教会のキリスト教信仰の共有です。アメリカ合衆国民の紐帯は建国精神ですが、これはピュリタニズムにバックアップされています。だから議会で大統領は、聖書に手を置いて宣誓します。この「信仰」がベラーの言う「市民宗教」です。イスラム諸国の場合は、「世俗主義」的国家であれ、イランのような宗教性を前面に押し出した国家であれ、権力の背後にも国民の集合的意識の背後にも、それぞれの宗派の「神」が立っています。

君主制であるか共和制であるかを問わず、また世俗主義の国家であるか祭政一致に近い宗教国家であるかを問わず、それぞれの国民国家にはそれぞれ固有の国家の価値への主権者の「信仰」の紐帯が存在します。

天皇制は日本近代国家の統治形態の「不可欠」の構成要素であり続けてきました。天皇の権威への「信仰」は、現在も憲法と皇室典範によって担保されています。さらに権威の根拠は神道に担保されています。これを「国家神道」と定義するのか否かは議論のあるところですが、それが「天皇教」信仰であり、天皇信仰の根拠が「万世一系」の神話であることにおいて、明治国家と戦後とで本質的な差異は認められません。ですから、現代でも世俗社会における「皇道」（天皇主義道徳）の実践の根拠は生きているのです。

戦前と異なる点は、現人神とされた天皇の憲法上の地位のみです。この違いは重大です。同一視してまるごと肯定したり否定したりすることは慎むべきです。「神権天皇」復活の動きに反対するために、象徴天皇制を支持する勢力と、天皇制を否認する勢力は共闘する必要がある局面があります。しかし、他方「神権天皇」も象徴天皇も、天皇であることに変わりはなく、「これから」の天皇制の行方は、最終的には、国民が天皇を精神的支柱として「信仰」する統治形態を是とするのか否とするのか、その行方にほかなりません。

近代天皇制の統治形態——絶対主義的・神権天皇制

明治憲法下の天皇制では——維新当時に意図された祭政一致国家と、「世俗主義的」な明治憲法体制との間には、かなり大きな差異が認められますが——天皇は主権者であり、軍の統帥権の総覧者であり、宗教的最高権威としての現人神でした。島薗進の『国家神道と日本人』（岩波新書）に記されていますが、維新政府はいちど祭政一致国家を作ろうとしました。しかし、それに失敗し、二十一年後、「明治憲法」体制の下で、迂回路を通って「万世一系の神の国」という神道信仰を国是の核心に据えました。信教の自由は認めるが、現人神信仰は宗教ではなく臣民の義務だというわけです。

これは、国家の権威の根拠に聖なるものへの信仰を据えることの重要性を伊藤博文らが海外視察の経験から痛感した結果といえます。欧米のキリスト教信仰に相当するものを彼らは天皇信仰に見出し、これを制度化しました。その際、古代天皇制国家の宗教的権威が、世俗の近代国民国家の正統性の根拠とされ、それが日本資本制を政治的に総括する精神的な規定力となりました。近代国家の精神的基軸の根拠を、古代の起源に求める志向は日本だけのものではありませんが、王権の根拠を神話にまで遡らせ、日本書記を史書と見なした近代国家の王権は「万邦無比」だといえるでしょう。

国民は主権者ではなく現人神の「臣民」とされました。しかし、「明治憲法」の第三条には天皇の「神聖不可侵」が謳われる一方で、第四条には立憲主義原則と読める条文が書き込まれています。ここには、「臣民」向けの理念は第三条の「絶対不可侵」（「顕教」）、為政者の統治の実体は制限君主（「密教」）、という二面性が読み取れます。これは、久野収が鶴見俊輔との共著『現代日本の思想』（岩波新書）で指摘した通りです。

憲法に書き込まれた「絶対不可侵」のイデオロギーの補強装置として、軍人勅諭や教育勅語、「国体論」や家族国家観が動員され規定力を発揮しました。一九〇六年の「神社合祀令」も、宮参りという習俗を統治の手段に取り込む上で大きな力を発揮しました。さらに、色川大吉の『明治の文化』（岩波現代文庫）によると、明治末年には修身教科書が、「臣民」は「陛下の赤子」という刷り込みを広げる有力な手段となりました。治安警察法、大逆罪、治安維持法の制定といった法的補完もぬかりはありませんでした。

その後の推移で注目すべきなのは、一九二八年に「改正」された治安維持法で、国体変革と私有財産否定が、対等に死刑の対象とされたことです。これで、「国体」はこの国の私有財産制（日本資本制）の守護神ともなったわけです。この「改正」は、直接には二七年テーゼで君主制打倒を掲げた共産党を取り締まるための手段でしたが、結果として、不可侵とされた「国体」が私有財産制の「不可侵」と表裏一体であることを白日の下に晒すことになりました。

さらに一九三五年の国体明徴声明で、天皇は統治機関の一部ではなく、統治の主体そのものとされるに至ります。これは美濃部達吉の天皇機関説弾圧の根拠ともなりました。蓑田胸喜の神懸かり思想が、国家の指導原理になってしまった。この後の十年間、近代天皇制国家の錯乱を収拾することが誰にもできませんでした。

占領軍による天皇制存置——象徴天皇制

新憲法下での天皇は国政に関与する権能をもたない「象徴」と規定されました。それでもこの国は現在でも君主制国家であることにかわりはありません。君主がいるのだから君主制国家です。「帝国主義戦争」に敗北した後も日本に天皇制が存置された決定的な要因はアメリカの占領政策にありました。日本を統治するには、日本人の幻想の共同性の核心にある天皇崇敬を温存し、天皇に権威づけられた日本政府に占領政策を執行させるのが最善だとアメリカは判断しました。加藤哲郎の『象徴天皇制の起源』（平凡社新書）によると、すでに一九四二年の段階から、占領後、天皇制の存置、主権の剥奪、極東軍事裁判での天皇不訴追など、実際に執行されたのとほぼ同一の占領政策の大綱を策定しています。これは「日本計画」と呼ばれました。この対日占領政策は、大戦終結後の冷戦を視野に入れた戦勝国の高度な地政学的判断に基づいたものです。占領政策は、どうすればアメリカの国益に適う統治が可能かという基準で、策定されたことが判ります。

この視点から「戦後改革」と呼ばれた一連の民主化政策も再審されなくてはなりません。「神道指令」によって、宗教施設と政治権力の関係は切断されましたが、ＧＨＱは国民の

「天皇教」を容認しました。ジョン・ダワーの『敗北を抱きしめて』（岩波書店）によると、民生局の幹部だったケーディスは、日本人の天皇崇敬は占領統治の支障にならない、とマッカーサーに報告しています。憲法第二十条は、「天皇教」は信教の自由を保証しているのです。ですから、国民の天皇信仰・天皇崇敬の装置の大半は戦後に延命しました。天皇・皇族に対しては皇室神道、皇室祭祀の戦後への継承によって、民間信仰に関しては、神社本庁とその傘下の神社、靖国神社とその傘下の護国神社の存置によって、「天皇教」は戦後に延命したといえると思います。

　占領政策の政治的な指針は、当初は「民主化」でしたが、冷戦激化とともに「反共の防波堤」化に舵が切られました。それは単なる「植民地化」ではなく、日本が高度に発達した資本制国家となった後にも、自発的にアメリカの国益に従属するよう、帝国主義国家間の垂直分業の構造を東アジアに作り出したのだと考えるべきでしょう。日米安保条約はそのための国際法上の規定に他なりません。さらに七七年に「日米防衛協力指針」（ガイドライン）が策定されました。これによって、日米合同委員会は、立法府に諮ることなく、アメリカの意向に沿った意思決定を行い、行政の権限でそれを遺漏なく遂行する垂直分業の日常化が可能とされたのでした。そのあと、九七年に策定された「新ガイドライン」に基づいて九九年に制定された「新ガイドライン関連国内法」は、日本国の公務員、日本の公的施設、日本人の私的な資産をアメリカの軍事目的に動員することを可能とするものとなっています。

魚心・水心――日本支配層の反応

「国体護持」を戦争終結の絶対条件として来た天皇と日本政府は、アメリカの構想に飛びつきました。渡りに船というか、魚心に水心というか、「降伏」の条件は合意に至ります。この〈野合〉を作品でいち早く批判したのは、映像作家亀井文夫でした。この映画で亀井文夫は、軍服から背広に着替えて生きのびる裕仁をみごとに捉えた。ＧＨＱはこの作品を直ちに押収し、ネガを破棄した。しかし、残っていたポジフィルムから再現された映像には、豹変して延命する天皇の姿が的確に捉えられています。

亀井と同時期に、三島由紀夫が右の側から戦後天皇制の欺瞞をいち早く察知しました。三谷信の『級友三島由紀夫』（中公文庫）によると、マッカーサーと天皇の会談の写真を新聞で見た三島は、「どうして衣冠束帯ではないのか」と背広姿の裕仁に違和感を表明したといいます。裕仁の「人間宣言」は三島の違和感を激しく掻き立てました。それが『英霊の声』に結実するには、一九六六年までかかりますが、私の三島由紀夫論（『三島由紀夫と天皇』平凡社新書）は、戦後の象徴天皇制への激しい忌避感こそ三島の一貫した創作モチーフであり、作品内部で決着がつかなくなった時、三島は自衛隊東部方面総監室に赴き自刃した、という仮説に基づいています。

占領軍の訴追を免れた天皇裕仁は、国政の権能を失った（一九四七年五月三日）後もなお重大な局面で政府の「助言と承認」に基づかない行動を取りました。昨日まで絶対君主であり現人神だった人物の行動ですから、誰にも抑えられなかったでしょう。しかも、裕仁はマッカーサーの信任を得ていたわけですから。

第一が無期限に沖縄を米軍に「貸与」することを、侍従の寺崎英成を通じてアメリカに提案した所謂「沖縄メッセージ」（同年九月、進藤栄一が一九七九年に発見）です。この行為は白井聡が『国体論』（集英社新書）でいうように「外患誘致罪」に相当するとさえいえます。

裕仁はまた、全面講和（全方位）か「部分講和」（反共主義）かで国論が二分されていた講和条約について、アメリカの大統領とのホットラインを通じて、繰り返しアメリカに反共政策の強化を焚きつけました。一九五一年には二度にわたってダレス特使を引見して、「部分講和」を希望すると力説した。裕仁は日本の反共主義的世論を代表して〈アメリカの僕〉の役割を進んで果したといえるでしょう。

ＧＨＱに免責されたこともあって、裕仁は自身の戦争責任に関する認識は薄かったのだと思います。ですから後年、裕仁は外国人記者に対して、戦争責任は文学方面の言葉のアヤで、そういうことは不得手だから問われても答えられないといいました。また、原爆投下を、戦時下だから致し方ないと発言しました。これらは、一九七六年一〇月三一日、日本記者クラブでの天皇の発言です。現在は削除されて閲覧できないそうです。

天皇免罪と大衆の鈍感

最高責任者の天皇が極東軍事裁判で「免責」されたことは、天皇の命令で出征した兵士たちの戦争観に大きな影響を与えました。命令した天皇さえ訴追されないのに、命令されて従軍した自分たちが加害責任などであるわけがない、という感覚が蔓延しました。日本人の加害者意識の希薄さはここに淵源します。私は若い頃、飲み屋で戦争の自慢話をしている戦中派のおっさんを何度も見かけました。

また、訴追されなかったことで戦勝国アメリカへの親愛感が生まれました。私は自著『天皇制と闘うとはどういうことか』（航思社）に、憲法学者の樋口陽一さんとの対談を収録させていただいたのですが、そのなかで、樋口さんは、「日本人は被害者意識さえ抱いていないのではないか」といわれました。この指摘は至言というべきです。もしも、原爆投下をはじめとする米軍による被害が身に浸みていれば、不平等の極限である日米地位協定の下での基地被害を便々と容認するわけがない。膨大な「思いやり予算」、F35Aの爆買い、アメリカだけに利益をもたらす日米貿易協定の締結に、日本人が怒りを覚えないわけがない。でも、主権者多数派はアメリカと改定交渉すらしない政府を容認しています。アメリカの一方的な核合意離脱が原因で起きた中東の軍事的緊張に際して、日本は「有志連合」の一員としての自衛隊派兵はやんわり断ったものの、「国益」からすれば、イランの石油に依存する日本はアメリカの核合意離脱の撤回を説得すべきであるにもかかわらず、調査・研究のための中東派遣を閣議決定してアメリカのご機嫌を取りました。トランプ大統領が、新たな基地費用負担を要求してくれば、政府は拒絶できないでしょう。日米地位協定一つ変えられない日本政府に、アメリカにもの申す姿勢は一切期待できません。アメリカの要求を拒絶しない政府を主権者は信任しています。これが、もう一つの「敗戦国」ドイツとの決定的な違いではないでしょうか。

　アメリカの占領統治は、日本が犯した戦争犯罪にもアメリカから受けた被害にも鈍感な、度し難い歴史意識の欠落を日本人に刷り込みました。戦後天皇制とは、この鈍感を増殖させる装置でもあったということです。天皇制の「これから」を問うということは、日本人がこういう融通無碍な鈍感を許さない政治的・歴史的想像力を奪還することでもなければなりません。

日本天皇制国家の歴史的責任——「これまでの」天皇制の始末

日本天皇制にはガラパゴス化した君主制一般以上のトラウマがあります。君主制が人の上に人を作り、人の下に人を作るものだというように止まりません。長いスパンで見ると、イギリスやオランダなど、ヨーロッパの君主制国家にも似たようなことがあるので、その点では日本だけというわけではありませんが、この君主制国家は、植民地支配と侵略戦争を行い、その過程で、殺戮・略奪・暴行を繰り返し、それを反省していないという消し難い事実が存在します。満蒙は生命線とか、大東亜戦争はアジア解放の聖戦とかいう「たわ言」は、戦争目的を共有した「同盟国」ドイツが行った戦後処理を参照すれば、世界に通用しないことは明らかです。

国際社会にはヴァイツゼッカー演説（『荒野の四十年』、岩波ブックレット55）というユニバーサルスタンダードが存在します。実態としての国際社会の現在は、汚辱に満ちています。ヴァイツゼッカーも西ドイツもイノセントではありません。そんなことは解り切っています。しかし、実態を克服する理念が厳然と存在し、それが、破られても、破られても、国際社会の規範になっています。この規範に照らす限り、日本軍の犯した主権侵害・人権侵害・殺人・暴行・略奪の歴史を美化することは到底不可能です。しかし、敗戦処理と戦争犯罪に関するネットの書き込みを開けてみれば、そこにあるのは、自己正当化とヴァイツゼッカー誹謗と「日本すごい」の絶叫です。

しかし、南京大虐殺は幻とか、どこの国の軍隊でも慰安婦はいたとかいった類の「顧みて他をいう」議論の根拠は、吉見義明の『従軍慰安婦資料集』一冊を見れば、一挙に崩れ去ります。南京の虐殺規模は、ナチスの党員で、シーメンスの中国支社のトップで、たまたま南京にいたラーベの日記（ラーベ『南京の真実』講談社文庫）を見れば足りるし、慰安婦については、吉田証言の可否など氷山の一角です。たくさんやったに決まっている。残っている問題は、性奴隷化の現場に直接連行したのが軍なのか女衒なのか、というだけです。どちらであったとしても、天皇制国家の国家犯罪であることに変わりはありません。また、侵略行為について何度も謝ったという議論も、戦後補償の実体がドイツと全く異なる以上、世界中から信じてもらいようがありません。ドイツとは戦後補償に拠出した金額が何桁も違うのです。『戦争責任・戦後責任——日本とドイツはどう違うか』（朝日選書）の粟屋憲太郎論文ひとつで十分です。補償の本気度が、ドイツ共和国と象徴天皇制国家日本では雲泥の差なのです。金額はあくまでも結果です。日本人がこれからの天皇制を考えるということは、そういう何よりもダメな、わが同胞多数派の無自覚や居直りを清算する道を探ることでもあります。

落日のアメリカ、日本の〈従属〉――「これまで」から「これから」へ

戦後史において「世界帝国」アメリカが強大である間、日本はアメリカの核の傘の下で、軽武装と引き換えに、高度経済成長を遂げることに成功しました。いろいろ介入がなかったわけではありませんが、当時のアメリカは日本の軽武装の対価としてのアメリカの軍事費への拠出などの見返りをさほど要求しませんでした。しかし、ヴェトナム戦争の敗北を引き金に始まったアメリカの凋落とともに様相が変わりはじめます。それまで餌をやって育ててきた日本というコブタに対するゆすりがはじまったのです。

とくに一九九〇年の日米構造協議以後、外国資本参入のための規制緩和、金融自由化、思いやり予算の肥大など、日本政府はアメリカの求めるままに、譲歩に次ぐ譲歩を続けてきました。新ガイドライン関連国内法は、アメリカの「国難」のために日本の施設と国民を総動員するための法律だとさえいえます。集団的自衛権の合憲解釈も九条改憲推進も、

アメリカの要請に応える措置にほかなりません。今や医療にも水道にも米系グローバル資本が参入を狙っています。強硬に参入してきたら、日本政府は拒否できないでしょう。

白井聡は、『国体論』のなかで、二〇一六年、八月八日の天皇明仁の生前退位を求めた「おことば」の真意は、そういう「ていたらく」に立ち至った戦後過程に対する、主権者による再審を促すものだったのではないかと推測しています。明仁は、〈自分は憲法三原則を国是とする国民の統合の象徴として象徴天皇職を続けてきたのであって、それが憲法と抵触するアメリカへの自発的従属による国益の損傷が、天皇の名によって正当化され続けるのであれば地位に牽連する気はない。続けたほうがいいのかどうか、主権者が判断せよ〉といっているのではないか、というところに白井の含意はあるのでしょう。そこまで明仁天皇の隠された意図を忖度する気は私にはありません。しかし、私とて、敗戦から七十四年、「つぎつぎとなりゆくいきおい」（丸山真男「歴史意識の古層」『忠誠と反逆』筑摩学芸文庫所収）に身を委ねた、集合としての戦後の日本人の旅路の果ての無残さに感慨なきを得ません。わが同胞を説得できていないという点で、自分も埒外にいるわけではないですから、無残さは他人ごとではありません。天皇制の「これから」を模索するということは、日本人がまずこの「これまで」の無残さに始末をつけることでなくてはならないと思います。したがって、それは日本人自身が刻んで来た〈歴史意識なき歴史〉の集積に終止符を打つために、この集積の顛末と闘うことにほかならないと私は考えます。

「まし」に見えた明仁天皇

二〇一六年八月八日の天皇明仁が生前退位を求めた「おことば」から推察すると、個人としての天皇明仁は裕仁と違って憲法三原則に寄り添う象徴天皇となることを自身の責務と自覚してきたようです。ただし、その目的はもちろん天皇制の永続です。これに文句を言っても仕方がない。彼は天皇なのですから。しかし、天皇が国民のために、国民とともに祈るという時、その「祈り」は皇室神道によって行われます。ここが問題です。天皇として祈るのである以上、ほかの「祈り」の選択肢は彼らにはありません。天皇という存在の、こういう宗教上の権威としての地位を温存した占領政策を、「独立」後の主権者は結果として容認し、それに慣れて今日に至っています。個人として私が「認めない」という自由は今のところあります。ですが、「主権者」の集合が形成したとされる政治意思は、そういう宗教的性格を有する権威が根拠である天皇を象徴とする、つまり、政治の中で神道が特別の地位を占めている統治形態の存続を是としてきたのです。

本当にこれでいいのか、ということは、天皇個人の人格云々とは別に考えなくてはならないことなのではないでしょうか。

天皇明仁の在位の後半は、政権が戦後国家の平和と民主主義、自由・平等の原則をかなぐり捨て、アメリカの国益に露骨に寄り添うことによって、政権の支持層の利益を図る方向に舵を切る過程に当っていました。特に安倍政権の七年間で、政権と明仁の確執が深まりました。先に言いましたように、明仁の信条は護憲天皇です。だから、政権主流の支持基盤にとって明仁夫妻は目障りだった。八木秀次は『正論』二〇一四年五月号で、天皇の護憲発言は政権の政策遂行の妨げだから宮内庁は天皇を黙らせろと恫喝した。

こうなりますと、政府に反感を抱く勢力にとって明仁は政府より遥かに「まし」にみえてきます。その結果、革新層に明仁支持の心情が広がりました。明仁を反政府運動の盾にしたがる傾向さえ助長された。内田樹の「天皇主義者宣言」（『月刊日本』二〇一七年五月号）がその最たるものです。しかし、主権者が政権に対する抵抗の「依り代」を君主に求めるのは倒錯の極みではないでしょうか。そもそも、どれほど天皇が「内閣の助言と承認」をかいくぐり、政府の目を盗んで行動しても、所詮天皇に国政の権能はありません。さりとて天皇に国政に関与する権限を与えて政治に関与させればいいというものでもない。二〇一六年の八月八日の放送を、内閣府に無断で段取りした宮内庁長官と次長はただちに更迭されました。逆らえば報復される。されたら終わりです。憲法制定当時、三笠宮崇仁が抗議したように天皇は政府の奴隷なのです。だから私は『図書新聞』（二〇一九年一〇月一二日号）紙上でこういいました。

「邪悪な天皇が邪悪な政府に寄り添おうと思えば、天皇の政治意思は貫徹します。（中略）逆に、「良心的」な天皇（現上皇）が、邪悪な政権に対して批判的たらんとして行動したとする。天皇明仁がしたことの一部は、そういうことだと思います。そして、多くの国民は天皇に希望を見出す。しかし……国政に関する権能……は政府にある。だからガス抜きにしかなり得ない。これが象徴天皇制なんです」。

天皇個人の人格罵倒の不毛

問題は天皇個人ではなくて制度、制度の運用を握る政府、政府を選んだ主権者、天皇は所詮国政の権能を有しない、といった発言に対して左翼の正統を任じる反天皇制運動家たちはナーバスです。いわく、一知半解、個人としての天皇が「良心的」などということはありえない、個人としての発言もすべて欺瞞だ、政府と明仁の相剋は全て出来レースだ、云々。

ここには、天皇はワルだ、と言っていないと天皇制は倒せない、言っていればいつか道が開ける、という錯覚があるのではないでしょうか。個人と構造の区別がまるでついていない。また、日本会議派が、宮内庁に天皇を黙らせろといい、宮内庁が内閣府を無視して「おことば」の段取りをし、それに対する報復としてトップ二人の首を飛ばして、腹心を後釜に据える、などということを、出来レースでやって見せるほど、天皇も政府も暇ではないでしょう。そこには支配階級内部の相剋を見るべきです。

私の議論の筋目は、仮にどれほど良心的な天皇がいても、その意志は制度に必ず阻まれるから期待するな、というところにあります。悪は制度、制度にとらわれる主権者の集合的な観念、大切なのはそのことだけです。ところが、良心的な天皇が個人として存在するという言説自体に彼らは耐えられない。制度だけでなく天皇個人も邪悪だと言い募っていないではいられない強迫観念を感じます。この強迫観念は「左翼小児病」の一種だと私は思います。

もちろん、所詮はいろいろな報道からの推測でしかありませんが、天皇がもし「個人」たりうる――それができないのが天皇制という制度なのですが――と仮定するなら、折に触れてなされた明仁の発言は、憲法に抵触しないよう当り障りなく韜晦されたものでしたが、彼の歴史認識や政治倫理は、与野党の国会議員や自治体首長の九割がたより優位にあると言わざるを得ないと思います。それほどわれら同胞とその「国民代表」たちの歴史意識や政治倫理は地に堕ちています。天皇制批判者は、天皇個人に邪悪さや欺瞞を見出すことに熱中する前に、主権者とその代表と、代表が作る政府の無残さにこそ思いを致すべきではないでしょうか。この無残さは、与党有利の選挙制度が悪いというレベルの問題ではなく、主権者が集合的に抱かされてきた幻想の質の問題です。そして、責任を云々するなら、とりあえず敵のことはどうでもいいから、これをひっくり返せない自分と味方が問われていると考えるべきなのです。

　天皇制との闘いとは、主権者の幻想の共同性との闘いです。だから天皇制と闘うには、天皇や政府や資本に幻想を抱き、嫌中・嫌韓・嫌朝で盛り上がり、外国人労働者を排除したがる主権者内部の荒廃を糺すことからはじめるしかありません。全ては主権者の排外主義と国家への幻想の〈とらわれ〉の始末に懸かっています。〈とらわれ〉の始末には、権力や資本の垂直的な規定力を超える隣人相互の信認の形成が不可欠です。

アジールから陣地へ――「これから」のゆくえ

隣人の相互信認を組織化する闘いの場はどこにあるのでしょうか。工業社会であれば、闘いの場は職場生産点、それを地域に広げ、資本と権力への包囲網を組織せよというのが、「階級闘争」の原則でした。今日、産業の電子化・情報化とともに、サービス労働の比率が激増し、労働の性格が激変し、雇用形態が第二次産業まで含めて短期化・流動化が進みました。その結果、闘う側は、賃労働と資本の衝突する場を、労資が長期に対決する場とすることが困難になりました。日雇いが膨張し、労働契約は、細分化され、分断され、終身雇用の労働者の比率は激減しました。闘おうとすれば叩き出されます。いつどこで誰が首になっても不思議ではない。経営は、首切りの自由を得た、つまり労働者層全体を雇用調整の対象にすることができるようになったとさえ言えます。企業横断的に組織された組合や争議団も、まだまだ力が小さくて闘争の勝利は見通せない。提訴しても、裁判所や労働委員会は圧倒的に企業寄りです。

だが、こうした困難の拡大と反照的に、社会矛盾の発現の場は、労働の場だけでなく、労働力・生命の再生産の場所にも飛び散って広がっています。ということは、それら至る所で闘いが可能になったと考えることは妄想ではなくなってきたということです。幼児保育や学童保育の場も、学校も医療機関も、障害者介護・高齢者介護の現場も、生活相談の機能を担うカフェも、シェアハウスも、当事者と家族と現場で働く者たちの連携、相互信認の力が、資本や権力の縦の統制を凌駕できれば、そこを拠点たらしめることができます。

それ以前にまず、そこかしこに難をしのぐ「アジール（避難所）」あるいは駆け込み寺を作ることができます。いや、まず作らないといけない。そうしなければ、ホームレス、行路病者は野垂れ死にする時代になりました。網野善彦が『無縁・公界・楽』（平凡社）で描いたような、伊藤正敏が『アジールと国家』（筑摩書房）で描いたような、「史的存在」としてのアジールは、中世のもので、戦国時代に消滅したとされます。その「アジール」を、全く異なる歴史的文脈で現代に組織することが重要な課題となっているのではないかと思うのです。「アジール」の先に、闘いの拠点・陣地が見えてきます。

日本国家における天皇制との闘争とは、日本資本主義とその総括形態としての国家に対する闘いなのだと最初に言いました。だとしたら、保育だの、学校だの、介護だの、医療だの、生活相談だの、不登校支援だの、このような一見天皇などと全く関連がないかのような場での闘いこそが、それが日本資本制の矛盾の産物なのですから、それらに対する闘いの発展の先に天皇制を始末する闘争の展望を開くことができると考えるべきではないでしょうか。

そこでは、組織者が、権威や権力や資本による幻想（それは必ず国家の価値の「信仰」へと向かう）を凌駕する隣人相互の信認関係を作り出せるかどうかが試金石となります。重要なのは、人々の意識が国家や資本への崇敬・畏怖から切断されることです。天皇制の統治は、天皇の超越性に呪縛される大衆の存在が前提なのだから、大衆が天皇に関心を抱かなくなってしまえば制度は機能しなくなります。幻想の共同性とはそういうものです。

グラムシが『獄中ノート』（三一書房）で構想していた「陣地戦」とは、市民社会の只中に、資本と権力の統制の利かないコミュニティを組織化し、その力で支配階級と政治権力への対抗ヘゲモニーを創り出すことでした。現存する制度、すなわち国家の統治形態をなくす前段に不可欠なのは、まさにそういう活動です。ピーター・メイヨーは『グラムシとフレイレ』（太郎次郎社エディタス）で、もっと現代にひきつけて、「成人教育」の問題としてその課題を追求しています。そういう闘いによって、統治の網目に空洞ができ、その空洞が権力に対峙する側の勢力の手にヘゲモニーが移ってきて、そこに集団としての信認が形成されなければ、政権の奪取などあり得ない。万が一、それがないままで、反権力勢力が政権を手に入れるとロクなことにはなりません。

グラムシは、先進国の錯綜した市民社会の構造を考えれば、機動戦（だけ）で権力を奪取することが可能な時代は、パリコミューンで既に終わっている、とロシア革命の後に書いています。ロシア革命は、先進国の革命ではなかったから、陣地戦なき機動戦が可能でもあり有効でもあったということでしょう。高度に発達した市民社会においては、その重層的な「中間団体」のそれぞれと、相互の関係を繋ぐ接点に、資本や権力に介入を許さない関係が、あらかじめ組織されていなければ、政治権力の転覆は画餅に過ぎないのです。

隣人の相互信認――一つのモデル

アジールおよび陣地のイメージを多少とも浮かべやすくするために、一見、天皇制とは違う次元の事柄を引いてみたいと思います。それは精神科医の斎藤環が『オープンダイアローグがひらく精神医療』（日本評論社）で提起する、精神医療におけるオープン・ダイヤローグ（以下ＯＤという）です。ＯＤは精神医療の治療法のニューウェーブで、フィンランド、ノルウェー等で開発された治療法です。斎藤は日本にＯＤ治療を適用する運動をはじめました。ＯＤが行われる空間を斎藤は「新たな生のプラットホーム」と名づけています。斎藤の前提には、精神の疾病の病原は社会にある、という認識があるのだと推察できます。現代社会では、九十九パーセントの人間が、社会つまり人と人との間の軋轢で傷つけられています。己の傷に耐える手段として他者への加害へ人々は誘導されます。それがいじめを生み、ハラスメントを生み、ヘイトを生みます。こういう社会での人間関係に生き合わせてしまった場合、傷つけられた人の心身が受忍限度を超えてしまったときに精神の疾病がおきます。もちろん抑圧の強度を客観的に計量することはできません。あくまでもそれは、個別に異なる人と人との間の、定量的に測定することに馴染まないできごとです。しかし、定量的に傷の原因を突き止めることが難しくても、傷が癒されれば、病は軽くなったり治癒したりすることは確かめられます。「新たな生のプラットホーム」とは、そのための関係づくりの場のことにほかならないと思います。

　精神医療における治療行為や障害者へのケアと、政治運動・社会運動における組織活動は全く別の次元のことです。しかし、隣人間の相互信認を生み出すための場が不可欠という意味では共軛です。精神疾患の患者に対する虐待が絶えない精神医療や、相模原事件を生んだ介護労働現場を生み出す社会をそのままにしては、政治運動における隣人間の厚い相互信認は作れません。「新たな生のプラットホーム」は万人に必要です。〈傷つき〉からの回復を可能にする共同性を模索することは、精神医学の治療法の次元に止まらない、全社会的な課題のありかを示唆しています。

　日常生活の中で、何らかの動機が与えられて発動するヘイトに向かうエネルギーは、権力に組織されれば国家暴力の「部品」となることに熱烈な誇りを抱く人間の集合を産み出します。また、その「銃後」の集団に強烈な自己正当化のイデオロギーを蔓延させます。「これまで」、この国では百五十年間、このエネルギーの収斂する中心には天皇がいました。

「これから」は、その始末をつけることこそがこの国家の構成員に課せられた課題なのではないでしょうか。もちろん天皇をどけても、それだけで済む話ではありません。共和制国家が共和制国家であるだけでは、ヘイトのエネルギーを抑止するオルタナティブにはなり得ていないことがそれを証明しています。いかなる国家も、外部の敵からの防衛という集合的意識の強度を昂揚させることに変わりはないからです。「対案」たりうるのは、国家の共同性に依拠しないコミュニティを組織化することだけです。〈外〉に敵を探すのではなく、〈外〉に敵を探すことへ人々を駆り立てるものを敵とすることだけが対案なのだといってもいいでしょう。ただこの国の場合には、天皇が中心にある共同性を取り外すことが必要条件だというにすぎません。

そのために必要なのは、隣人間の相互信認の組織化によって、国家の共同性など何ごとでもなくなる地平を創り出すことです。それが、国家の権威への幻想を減衰させ、消滅させることとつながります。この闘いは、市民社会のさまざまな中間団体――労組、協組、保育所、学校、学校の課外の学童保育、隣保館、労働・失業・低所得・DV・引きこもり・いじめ・各種ハラスメントなどの相談機関、障害者介護施設、高齢者介護施設、病院など――で展開できますし、しなくてはなりません。それが、その闘いの場のアジール化、さらには陣地化に繋がります。

天皇制との関連でいえば、それらの闘いで、天皇制イデオロギーが必ずしも、強く意識されている一義的な主題となっているかどうかが問題なのではありません。直接には何をイシュー（課題）としてでもよいから、天皇という国家の権威など〈屁でもなくなる〉関係を構築できるかどうかが問われるのです。解除しなくてはならない天皇崇敬という集合的意識はイデオロギーですが、闘う側のイデオロギーが反天皇制や天皇への憎悪でなくてはならないということではありません。国家の価値への信仰を解除できさえすれば、それが天皇制イデオロギーとの闘争を通じてでなくても一向に差し支えない。まして国政への権能を有しない天皇個人への憎悪の組織化など末のことです。つまり、敵への憎悪のイデオロギーを一つにすることが大切なのではなく、敵に対して〈譲れない大切なもの〉で人と繋がることが鍵なのです。ディヴィッド・グッドマンという日本研究家で演劇運動家だった人が、「同時代演劇」四号（一九七〇年）に書いた論文で、「革命！と叫ぶことと、革命を作り出すこととはちがう」といいました。

「革命を叫ぶ運動」だけでは、どれほど積み重ねても、革命を作り出せない。反天皇制運動もそうです。天皇制を壊す「革命を作り出す」のは、アジールを作り、陣地を作り、それらを作る過程で、国家への信仰を叩き出す作業です。幻想の共同性との闘いの敵は日本人という集合の内部にいる自己との闘いでもあります。それを一掃する闘いの経路は、

〈譲れない大切なもの〉を、生きて暮らして闘う場が異なれば、互いに違っているのが必然です。そこをなおざりにしていてはことは始まりません。大切なのは、「革命を作る」ことです。それができるかどうかが「これから」の天皇制の呪縛から自由になれるか否かの試金石になるのだと思います。

とりあえずの結論

「これまで」の統治形態の「これから」を問うことは、国家価値への信仰の再審です。日本では天皇制国家の価値に対する信仰のゆくえの問題です。この価値を是とする者は、どうすればその価値を国民が信じ得るものとできるかを考えることでしょう。これを非とする者は、天皇という価値への信仰を解体する筋道を探ります。非とする者の立場から、そのために不可欠と私が考えることの要点を挙げておきます。

一、現今の天皇制国家は「世俗主義」国家だから、この「世俗主義」国家が求める「信仰」とは何かを見分けることが必要になる。「信教の自由」を認めながら、天皇信仰や「皇道」を臣民の義務とした、『神々の明治維新』で安丸良夫が言った、明治国家の「日本型政教分離」のダブルスタンダードは、形を変えて戦後にも延命している（だから「自粛」が起きる）から十二分の注意が必要である。

二、拙著『天皇制と闘うとはどういうことか』の「あとがき」に書いたように、天皇制を日本資本主義の総括形態としての国家権力の構成要素として考察することが不可欠である。資本制の原理は万国共通だが、運用統制にはナショナリティの差異が反映する。日本の場合、近代国民国家形成と資本制の生成発展過程、および敗戦後の占領統治によって、国家も資本制も他国とは異なる属性を帯びていて、それが天皇制と通底しているという視点にこだわりたい。

三、これも前掲書「あとがき」に書いたことだが、東アジアと西欧とで、敗戦を経験した「帝国主義」国家の復興のあり方の差異に着目する必要がある。ヨーロッパには、独仏を基軸に「帝国主義」国家の間の水平分業が成立したのに対し、東アジアには、「資本制」が自立復活した後にも、象徴天皇制国家日本の国家権力による他国＝アメリカへの自発的隷属が恒常化し、米日垂直分業を国是とする「帝国主義」が形成された。これはアメリカが天皇制を護持した対価だった。大半の新左翼の「レーニン帝国主義論」の一般的理解では、帝国主義国家は必ずや相互に争闘戦に入ると信じられてきたけれども、レーニン『帝国主義論』（堀江邑一訳、一九五八年、国民文庫、一〇八頁）には次の記述がある。

「最新の資本主義の時代は、われわれにつぎのことを示している。すなわち、資本家団体のあいだには、世界の経済的分割を基礎として一定の関係が形成されつつあり、そして、これとならんで、またこれと関連して、政治的諸団体のあいだに、諸国家のあいだに、世界の領土的分割、植民地のための闘争、『経済的領土のための闘争』を基礎として、一定の関係が形成されつつあるということである」。

左翼に「レーニン主義」的認識への誤読があったと考えるべきではないか。そのため、象徴天皇制国家日本のような、他国の「帝国主義」に自発的に隷属する「帝国主義」国家が存在しうることが看過され、一九六〇年、闘うべき主要な敵はアメリカなのか日本なのかという二択の発想が生まれ、それがながらく固定化した。共産党は日本帝国主義を主敵とする主張をアメリカ帝国主義の手先と罵倒した。いま、アメリカを主敵だと指摘すると、「反米愛国」論はいけない、共産党と同じだ、「自国帝国主義打倒こそが原則だ」といった罵詈雑言が、多くの「新左翼」と自認する人びとから返って来るに違いないが、問題はそれほど単純ではない。

四、抵抗と革命はちがう。抵抗の蓄積だけでは革命に転嫁しない。「革命！と叫ぶことと、革命を作り出すこととはちがう」（ディヴィッド・グッドマン、前出）。反天皇制、ましてや反天皇を叫ぶことと、天皇制を解体する闘争の道を開くこととはちがう。

後者にとって「無党派原理主義」は不毛だ。無党派の運動には抵抗の輝かしい歴史がある。抵抗と暴露の闘争には無党派・非党派の運動は有効だ。しかし、無党派の運動が革命をやった事実はない。「レーニン主義」とされてきた政治思想とその実践の悪弊（プロレタリア独裁、民主集中制という名の上意下達の絶対化、単一前衛党論、多層的矛盾に目を向けない素朴階級闘争主義、帝国主義に対する闘争方針の硬直など）に対する、深い反省的自覚を持った党派の役割が重大になる。かりそめにも革命をめざす政治党派ならば、自己の運動目的を抵抗の永続や「革命を叫ぶ」ことに、切り縮めてはならない。「革命を叫ぶ」だけでは空論であり、「革命を作る」ことを実践という。

五、天皇制国家を廃絶することをめざすのであれば、現代の「アジール」の形成を第一歩とする「陣地」の組織化を構想しなくてはならない。「陣地戦」を自己目的化しないで――つまり、陣地の獲得物の権益の保守を目指さないで――継続し、市民社会の内部に権力と資本の鉄則が貫徹しない領域をどれだけ形成できるかが成否を決する。

六、象徴天皇制の対価として占領軍から与えられた憲法第九条についての再審が迫られている。戦争しろとか核を使えとか言いたいのではない。だが、国際情勢は深刻だ。アメリカが「世界の憲兵」の立場を放棄し、「アメリカファースト」を絶叫する一方、「一帯一路」など中国が世界制覇戦略を展開し、ロシアの強烈な自国中心主義的戦略が台頭している。中東の武装諸組織の強大化による国際情勢は流動的で不可測である。こういう混迷した現実を前に、素朴な九条護憲の現実性が疑われる状況にあることは否定できない。絶対平和主義原則＝九条護憲と引き換えに値するものは何かをリアルに考えるべきである。引き換えにできるのは、一国の防衛ではない。「アジール」「陣地」の防衛だ。これらを守るためにのみ、九条護憲の改変の可能性は検討されるに値する。アジールも陣地も組織化できていない現状で、軽々に九条破棄を語るべきではない。ただ、覚悟は固めておいた方はよい、というまでのことである。

まだまだ、論点はたくさんあるでしょうが、とりあえずは、こんなところではないかと考える次第です。

第三講　出雲神話論——神話化する現代

磯前順一

目次

神話化する出雲と観光ブーム

出雲神話を元に、今日は話をしたいと思います。

最初は出雲大社です。典型的なしめ縄が特徴的ですね。この神社に私が訪れたのは四年ほど前。その頃、スピリチュアルブームがあって、若い女性が出雲のさまざまな神社に訪れていました。彼女たちは恋みくじを買って、自分の将来の旦那さんはどういう人だろうとか、今のボーイフレンドとはこのままでいいのだろうかとか、そういうおみくじを引きながら他愛のない話を友人としていました。

ですが、その社務所には、おみくじと同時に伊勢大麻、伊勢の暦やお札がありました。伊勢は天皇家の祖先、天照大御神を祀る場所です。無邪気な恋愛話と、かつての国家神道をある種、想起させるようなものが同じ社務所に並べられているのに、誰も奇妙な顔をしていないという光景が、私には大変疑問に思えたのです。大丈夫なのかな、という気がしました。それが今回お話することを考えるきっかけでした。

私がなぜ、出雲の研究を始めたのか。出雲は大国主を祀った地方、あるいは素戔嗚尊を祀った地方です。つまり、天照大神と対立する神様を祀った地方のはずです。四年前の私もそう思っていました。天皇家とは違う神を祀った地方だと。極端に言えば、出雲大社は反天皇の神社だと思っていました。ところが社務所には伊勢神宮のお札が置いてあって、恋愛話が共存している場でした。

それをどう考えたらいいのか、ということで、「神話化する現代」というタイトルで問題提起しました。若い人も含めて、神道に対して抵抗感がなくなっています。それはこのように言うことも可能でしょう。若い人たちは、天皇家に対しても抵抗感がなくなっている。それはなぜか。あなたたち、早く気づいた方がいいですよ、と言うだけでは彼らは考え直すことはしないでしょう。何が問題かということを、彼らの論理を踏まえてよく考えなければ、批判には説得力がないと思っています。

そして「まつろはぬ神の行方」。まつろはぬというのは祀ってもらえない、あるいは、いうことを聞かない、秩序の外側にいる神様。一般的には出雲の神さまがそうだと言われますが、そういう神様たちはどういう運命を辿ったのか。そして、そもそも、出雲神は「まつろはぬ神」なのか。それを考えたいと思います。

学問というのは、自分の常識を疑うところから始まります。自分の常識が真理であって、人に押しつけるべきものだと考えることの危険性は、私の先生の島薗進さんがそうであったように、オウム真理教の事件で得た最大の教訓でした。独善的に真理を考え、それを人に押しつけることほど暴力的なことはないと、私や島薗さんは考えてきました。

では、そういう秩序にそぐわない神様たちが、どうしたら祀られていくのか。秩序とはいったい何か。そこまでは今日だけで答えは出せないし、私には何ら答えが出せないと思います。みなさんと一緒に考える材料を提供したい。それが本当の学問の場ではないかと思っています。

小浜海岸は出雲神社のすぐ脇にあります。空から天皇家が降りてきた海岸です。空から天皇家が降りてきて、大国主に対して、土地を譲れといった海岸です。古事記や日本書紀に出てくる小浜海岸は、今でも素敵な雰囲気です。太陽が沈んでいく非常に清らかな海岸。これが多くの人を魅了しています。私が写真を撮っている時も、若い女の子たちがたくさんいて、静かに日が沈むのを眺めていました。これ自体は何も問題はありませんね。いつどこで伊勢神宮の大麻なんて話が出てくるのか。そこが問題です。

出雲に行った時にちょうど、「日本の始まり——出雲、大和、日向、伊勢」というシンポジウムがありました。出雲と奈良と宮崎と伊勢が入っているんですね。出雲、大和、日向、伊勢をつないだルートが何かわかりますか？　天皇家一代目の神武天皇が宮崎県・日向から、大和・奈良県の橿原神宮に入って即位をするまでのルートです。もともと出雲はそこに入っていなかったのに、今ではそのルートに組み入れられている。つまり天皇家のルートに組み込まれて、島根県の人自らが、出雲は伊勢と、天皇家とつながっていると言っているのです。

そのころちょうど、ニュースにもなりましたが、天皇家の宮家の女性が出雲の国造の家にお嫁に行きました。非常に象徴的だったと思います。天皇家の血が、出雲の国造の中に入っていく。それまでは出雲と天皇家は相容れないと言われていた物語があったのですが、天皇家と出雲が交わる物語を現代に作っているわけです。なぜでしょう。

次は、そこで目にした奇妙な文章です。「出雲国神仏霊場」というものです。神道と仏教が一緒になって、巡礼をしましょうと。以前は一緒ではありませんでした、明治以降は。それが、出雲地方にあるパンフレットを見ると、「外来の文化の受容に寛容な日本では、神道と仏教が共存してきました。神も仏も等しく敬うこの思想は、日本人の調和精神」と書かれています。この日本人とは誰でしょう。そもそも神道は固有の信仰なのでしょうか。

私が専門とする神道は、古代においては、神道という名前はありませんでした。「神祇」と言っていました。奈良時代の律令を読むと、「神」というのは、天の神様、天皇家の神様、高天原から降ってくる神様。「祇」というのは、もともと地上にいた神様。つまり大国主、諏訪の大神といった神々。合わせて天皇が、高天原からの神が地上の神を祀るというのが古代の神祇思想で、神道とは呼ばれていませんでした。神道という言葉が本格的に出てくるのは中世になってからです。有名な黒田俊雄さん、仏教史の思想家はこのように言っています。「仏教が入ってきて、初めて神道という思想が形成された」。仏教に対する反応として出てきた。これを固有と言っていいのでしょうか。

私の京都の友人は、私が京都の悪口を言うと、私は茨城の人間ですから、「うるさいな、東夷は」と言うのですね。この東夷というのは、東の野蛮人めという意味です。このように大和と蝦夷は分かれていて、そもそも日本という単位がこのころはなかったのです。日本人固有とされる、と島根県の行政の人たちは言っていますけれども、それは近代に作られた神話でしかないと思います。

ただ、神話だから愚かだということではありません。神話は根拠がないけれども、人の心を引き込んでしまう。私の元々のキャリアは考古学、歴史学だったのですが、なぜ宗教学をやったか。人間の心の感情というのは、理性で解決がつかない。「神話化する」という文言も、理性ではなくて感情から我々を取り込むもの、理性では違うと思っていても、それを取り込んでしまうものということです。英語ではそれを「人を惹きつけるもの(attraction)」といいます。これはまずいと思うのに取り込まれてしまう。若い女性が惹きつけられるのはなぜでしょうか。

一九四〇（昭和一五）年に同じようなことが起きていました。橿原神宮の一大パレードです。今では人工的に作られた神社というイメージが非常に強いですが、一九四〇年にはそのような行事がおこなわれました。この年は「皇紀二六〇〇年」とも言います。年配の方ですとおわかりの方も多いと思いますが、「一九四〇年」は西暦なのでやめよう、キリスト紀元で数えるのはやめよう、神武天皇から数えよう、というものですね。

神武天皇のお宮はどこか？　「ない」。お墓は？　「ない」。当時は定説がなかったんです。東大教授の辻善之助とか坂本太郎、私の先生の先生である考古学者の山内清男に命じて発掘させた。それが橿原というものになった。発掘してそこが宮だということで近代にお宮を建てたんです。橿原の近くには被差別部落がありました。そこの人間をどかして、お墓を作った。それらしいものがうっすらとあったから、そこに住む人を追い出して造ったのが神武天皇陵です。そういう形で、見えない物語を国民の目に見えるようにしたキャンペーンが皇紀二六〇〇年のそれでした。

私の友人のケネス・ルオフという、ポートランド州立大の先生が『紀元二千六百年』（二〇一〇年）という日本語のタイトルで発行した本には驚くようなことが書かれています。新聞社や百貨店がキャンペーンをやった。奈良を歩きましょう、その次は宮崎県、次は伊勢。ここに出雲は入ってきません。おそらく次は朝鮮半島でした。

それが、一九四〇年と一九九〇～二〇〇〇年代における神話化の違い。出雲というものが皇室に取り込まれていく、ととりあえず言っておきましょう。

神武天皇陵と橿原神宮には今はほとんど誰も行きません。しかし、一九四〇年にはたくさんの人が近鉄を使って訪れました。ＪＲのディスカバージャパンというのがありました。それと同じようなことを一九四〇年にやっていて、次は満州だというかたちでキャンペーンを打っていたのです。

神話化とナラティブ

こういうものはでたらめだと言った人もいました。早稲田大学の津田左右吉です。津田は、古事記と日本書紀は六世紀に作られたものだと言っています。「神代史は官府もしくは宮廷の製作物であって、国民の物語ではなく」、もともと神話ですが、日本国民などは存在しなかったのだから、誰も知らない。知っているのは大和人の豪族だけ。それを六世紀ごろに文字にしたのだろうというのが津田の主張でした。今から見ると津田の主張も無理があるのですが、少なくとも一九一六年、大正のはじめごろには、天皇制を根拠づける古事記と日本書紀はフィクションであるという考え方が、知識人の中では一般的でした。

それがたった二十五年の間に、一九四〇年になると、津田の『神代史の研究』など四冊が発禁処分になって、彼は牢獄に入れられる可能性もあるような状況になりました。何が起きたのか。一度そうなりかけた合理主義が覆され、知識人も津田を批判する時代があったのです。これが感情の歴史（emotional history）、情動の歴史（affectional history）です。人間の感情を扱わないと、過ちを繰り返す。その感情にどういう形をあたえるか。それを物語（narrative）と呼ぶわけです。

出来事にどのように筋を作っていくか。すべての天皇は実在する、天皇のために国民は死ねばいい。そういうストーリーなのか。そうではない。歴史学には隙間がありますから、作り方はさまざまです。舵の取り方次第。アメリカの歴史家ヘイドン・ホワイトという人がそういうことを言っている。『言説の喩え（*Tropics of Discourse*）』（一九七八年）といったタイトルの本です。いろんなかたちで私たちは物語を語ることができる。たとえば、今日私がこんな話をして、「磯前はけしからん、天皇批判論者だ」というストーリーもできるでしょうし、「立派なマルキストだ」というストーリーもできます。人にその方向性は委ねられています。

しかし津田の本がなぜ発禁処分になったか。イギリスの社会学者、ベネディクト・アンダーソンはこのように言っています。彼はアイルランド系で、アイルランドはイングランドの植民地ですから、国家を持てない人種の寂しさを考えている。「ナショナリズムは他の主義と違って、偉大な思想家を生み出さなかった」、「それは哲学的に貧困だが、人を惹きつけてしまう」。私はしかし、こう言いたい。偉大ではないから、手軽だから人を惹きつける。難しい思想は、鍛錬しなければ受け入れられません。しかし簡単で安易なものは誰の手にもわたる。まさにナショナリズムというのは感情や情動を扱う手頃な物語。その波に津田左右吉の著作もまた呑み込まれていったのです。

大国主命についてもそうです。平田篤胤は江戸時代の終わりに出てきた、本居宣長の弟子を自称する国学者ですが、「大国主は重要な神である、なぜならば、この国の来世、あの世、冥界、もうひとつの世界の中心人物だからだ。天皇家が、あの世に関しては大国主に任せると言った。だから、この世は天皇家のもの、あの世は大国主のもの、出雲のもの。このように日本は分割されているのだ」という考えを持っていました。

最近、歴史家の宮地正人さんが平田を高く評価しているように、平田は民俗学、民衆の世界の信仰に非常に興味を持った人でした。本居宣長はインテリなので、そういうものは邪道だとして興味を持ちませんでした。一方、平田篤胤は民衆の伝承に興味があり、天狗、狐といったものを描いていきました。

篤胤からすれば、出雲神社、大国主というのは、もう一つの忘れ去られた日本の世界。それに対して政府の方はと言えば、一九四〇年の皇紀二六〇〇年の三年前、こういう文章が出ています。「古事記、日本書紀によれば天皇家が瑞穂の国に降りてきて、大国主はこの世から出て行けと言われて、直ちに天皇の命を奉じて恭順し、国土を献上し、政から遠ざかった」と、これだけです。あの世の主ということは、当時の政府は認めていません。

つまり、大事なのは、一つの言説で時代は決まっているのではなく、複数の言説が対抗しながら社会を構成していくということです。ただ、どちらが力を持っていたかといえば、大国主はこの世からいなくなって終わりという、明治政府から昭和の戦前の政府が言っている見解、「あくまですべての世界は天皇家のものである」という見解が勝って、違うんだよなという人たちが密かに、平田や小泉八雲などの物語を読んでいたのだと思います。

そして、「創造された伝統（invented tradition）」というふうに言ったらいいでしょうか、一九八三年に興味深い本がイギリスの学者から出ました。一つは、ベネディクト・アンダーソン『想像の共同体』。想像する、イマジネーションでものを考える。共同体というのは、私たちは仲間だという共通の幻想やイメージを持たなければ成り立たない。それに対して、エリック・ホッブスボームという歴史家は、たとえばスコットランド人の男がスカートを履いていますが、あれは近代に作られたものだ。そういうふうに、伝統は古いというけれども、その古さは近代で求められて作られた、と言いました。

ナショナリズムは近代に作られたけれども、それ以前から繋がっているというふうに考えられたとき、ナショナリズムが古代から今まで繋がっているという想像が生まれる。古代から今まで繋がっていると言ったら何を思い浮かべますか。万世一系ですね。万世一系の天皇制。そういう想像は中世にはありませんでした。天皇も悪いことをすれば地獄に落ちる。非人は良いことをすれば文殊菩薩に生まれ変わる。万世一系というものは一貫性を持っては支持されていなかったのです。それはおそらく、近代において、本居宣長以降の江戸時代の思想を大きくクローズアップする中で作り出された物語だと思います。

そういう中で、日本書紀の文章が近代に大きく取り上げられていくことになります。近代に、古代の文書が注目されて、違う形で部分的に取り上げられて読まれます。天皇制の万世一系を支えるためにです。大国主は邪悪な神で、この世から出て行けというだけの話です。祀られて、あの世の神になっていくというストーリーは日本書紀や古事記にはありますが、そのストーリーは近代の日本政府は採用しませんでした。大国主命のポジションは二通りあり、近代の日本の公式見解としては、敗れて去ったものだという立場が与えられていったのです。

それを出雲側から描いたのが、水木しげるでした。彼は島根・鳥取あたりの人で、フォークロアを非常に愛していた。妖怪というのは、彼が見てきたフォークロアの世界です。水木さんはこう言っています。「毎晩毎晩、夢に出てくる。『俺の物語を書け』と。『私は滅ぼされた出雲王朝の末裔である』、ある時は『大国主命である』と。『水木は出雲の国の住民として生まれたのだから、お前が伊勢神宮の神に負けた私の気持ちを、本当の歴史を書け。しぶしぶ国譲りに応じて無念である』」と。これが、現代の出雲に生まれた人が描いた物語です。日本書紀を取り上げて日本政府が描いたものと表と裏ですね。素晴らしい天皇家の物語と政府に葬り去られた記憶を回復したい出雲の人たち、という物語を、水木さんは戦後に語っていくわけです。

裏の歴史と大国主命

さて、明治の初め、一八六八年頃に戻ります。明治初期に大きな論争があった。天照と大国主は同格かどうか。先日、天皇の即位がありましたが、あそこに大国主命は一切出てきません。明治初期に、大国主命は天照と一緒に祀らないということが決まったのです、政府の見解として。その時に、出雲からやってきた公家、今の国造、千家さんたちは、

「冗談じゃない、古事記に書いてあるだろう、大国主命も一緒に祀れ」と要求しました。出雲の神主と平田派は、出雲大社に祀っている大国主命と天照は同格である、あの世とこの世、それぞれの領域を持つと主張しました。それは、認められなかった。そして出雲の一族は東京を去って、出雲に帰って行きました。国家神道の基本的な骨組みはここでできるのです。

　私の恩人であり、山口昌男という人類学者の弟子であり、国際日本文化研究センターの元所長である小松和彦さんは、若い頃に一九八五年に『異人論』という興味深い本を書いています。異人というのは共同体に馴染めない人、エイリアン、ストレンジャー。小松さんだけでなく、民俗学者の赤坂憲雄さんも同じようなことを書いています。秩序からはみ出てしまった人間は、どうしたらいいのかというテーマが八〇年代には大きかったと小松さんは言います。彼らは学生運動をして敗れていく中で、政治から手を引いて学問に転じた。それが島薗さんであり、小松さんであったと、少なくともお二人はそう言っています。政治的な革命があるならば、精神的な革命もあるのだ、と。

　その時に彼はこう言っています。「横死した人の霊が祟ったので神として祀り上げるとか、狐がついたからお祓いをしようとしてお稲荷様として祀り上げるという、名もない神、恨みを持った神。伊勢のように大きな権力が支えてくれない神は、私たちが祀ってあげなければ祟る。そして共同体は自分の共同体を維持する時に、異人を犠牲にする。よそから来た芸人、瞽女、按摩、高野聖、そういう人たちを殺して埋める。そうすると誰かに祟る。祟ると怖いから塚を作る。殺すことで自分たちは自分たちの共同体を守ってきた。しかし共同体は外部の血を入れなければリニューアルできないので入れていく。でも入れたら役割はもうない。それが日本の閉鎖した共同体の怖さだ」と。そのシステムとして「祀る」ということがあったのだと。常に社会はそういう暗い歴史を、表と裏でやっていた。

その意味では学者は愚かですね。自分は暗い歴史と関係がない、完結した明快な社会に住んでいると考えている。そういう考えでは社会は見えないでしょう。独りよがりに過ぎません。しかし小松さんの後にジョルジョ・アガンベンという人が一九九五年にイタリア語で興味深い本、『ホモ・サケル』を出します。「犠牲者というものは排除されるだけではない。排除してそれを取り込む。排除しながら包摂する」。例えば、「あの人みたいになりたくなければ、言うことを聞きなさい」というように、死んだ人を利用する。または「言うことを聞かないと橋の下に捨てちまうぞ」と秩序の外側にいる人間を利用して共同体を維持する。秩序の外がなければ、境界線ができない。たとえば阿部謹也という一橋大学の西洋史の学者は「狼男」がそうだと言っていました。共同体の中に入れない。中世ヨーロッパの都市は城壁で囲まれていましたから。その外側にいるものは人間ではない。人権が持てない、主権が持てない。法律的に生き延びる権利が与えられていない。あまつさえ殺してもよい。殺すことで、ムラの掟を強くするのです。村八分もそうです。小松さんは、それが「妖怪」だと言います。まつろはぬ存在、葬り去られた存在です。

妖怪といえば鳥取には水木さんの博物館があります。小松さんと水木さんはとても仲が良かったんですね。京極夏彦さん、荒俣宏さんを含め、この四人は仲が良かった。そのボスの水木さんは亡くなりましたが、水木さんは「我々の周りには妖怪が今もいる。忘れているだけなんだ」と言いました。失われた世界を復権させようとしたんですね。水木さんが生きているうちに、嬉しいことがありました。水木さんの絵をもとにして、商店街に妖怪の像が飾られるようになった。ここにねずみ男やゲゲゲの鬼太郎もいて、妖怪に触れられる。

中でも面白いのが「妖怪神社」。妖怪を祀っているのです。中央の神様は目玉のおやじでした。主祭神は目玉のおやじ。鳥居にしても横に一本足りない形になっています。これでいいんですと。神社本庁が決めるような形は取らない。許可も得ていないそうです。周りの人たちのグッズやお菓子を売って儲かればいいやという姿勢が強くて、とても愉快でした。

水木さんが生み出した最大のものが、ゲゲゲの鬼太郎です。元は「墓場鬼太郎」と言ったのです。私は子供のころ、ゲゲゲの鬼太郎が大好きだったのですが、知らない間にいつも漫画が捨てられてしまっていた。やめてくれと母親に言うのですが、母は「こんな本を読んだら暗い人間になっちゃうよ。情けない」とよく怒っていました。初期の鬼太郎は小学生なのにタバコを吸う、生意気なことを言う。面白いな、と思っていたのですが、ある時、水木さんは筆を止めました。売れすぎて、これ以上になると、描けなくなる。だからやめたのだそうです。

その時に描いたのが戦争問題を扱った『総員玉砕せよ』（一九七三年）。水木さんは片腕がありません。負傷して腕が腐り、麻酔もせずに片腕を切り落とされたのです。でも水木さんは、自分は運が良かったと言います。所属していた部隊はニューギニアで玉砕したのです。彼はそれをこの作品に描きました。「ああ、みんなこんな気持ちで死んでいったんだなあ。誰にみられることもなく、誰に語ることもできず……ただわすれ去られるだけ……」。

ＮＨＫで水木さんの特集をした時に、水木さんは「自分が妖怪の絵を描いているのは、死んだ戦友たちのためでもある」と言いました。水木さんは実際に夢を見るのです。「いつまでお前は東京でいい思いをしているのか。俺たちはニューギニアで朽ちて、骨がまだ残っている。お前はそれでいいのか」と。少なくともそう思ったのでしょう。それで彼は、軍記物をまた描き始める。その軍隊で美しいとされたのが大友家持の「海行かば」でした。

国譲りと征服

戦争中の東京大学法学部の教授・筧克彦の文章に今から見ると、まともか？　という文章があります。こんなものを東大でやっていたのですよ。「清素なる神社を造って、孔子、老子、釈迦牟尼及びイエス・キリストを奉祀し、且つ宏く世界の偉人を網羅してこれを一神社に合祀し、神道本来の寛容的旗幟を鮮明にし」（『皇国之根柢・万邦之精華　古神道大義』一九一二年）とあります。これがまともですか？

神社に明治天皇と神武天皇を祀るのが当時のルールでした。特に植民地では。北海道をはじめ、台湾、朝鮮。天照大神と一代目の天皇である神武と、もう一つ、土地神が祀られる。土地神は、国魂命といいます。国魂というのは大国主でもある。大国魂は大国主の別名ですから。日本書紀に出てきますが、土地の魂です。朝鮮なら朝鮮の土地の神、台湾なら台湾の土地の神が天皇家とセットになります。空から降りてきた天皇家は、九州から奈良に入って日本を統一する。少なくとも西日本を。その時に土地の神様から、土地の支配権をもらうのです。それをなんと呼びますか。国譲りというのです。古事記と日本書紀の主題の前半部は、明らかに国譲りです。国文学者の神野志隆光さんも言っています。天皇家に国を譲るために国魂が必要でした。それが朝鮮や中国では、孔子になり老子になり、さらに西にいけばイエスになる。

　この筧克彦という人は、本気でそれを考えていたのです。東大の法学部で一九四〇年代にそういう授業をしていたのです。筧の考えに基づいて作られたのが、満州の開拓団です。私が住んでいた茨城県水戸市に内原町というところがありますが、そこには満州の開拓団のための学校の書籍が残っていて、筧の本が何冊もあります。彼らは筧の本を持って、満州へ行ったのです。当時体操に合わせて歌う、「行って征服しましょう」というような歌まで筧は作っていました。それが今も國學院に伝わる「禊」などと関係しているのだと思いますが、頭でなくて体ごと体操をして、天皇のために日本の輝きを広めよう。そうしたら、老子も孔子もブッダもイエスも、その通りだと言って土地をくれるだろう。これが八紘一宇、大東亜共栄圏の思想です。この中で、大国主命は一番最初に国を譲った人とする物語が、近代において作られたということです。

　国譲りといえば東北の塩竈神社。ここには塩土老翁という人がいて、どうぞこの土地を支配してくださいと、天皇家がやってきた時に道先案内をし、土地を譲ったのです。これほど不合理なことはあるまいと私は思っていました。そう思って塩竈へ行きました。すると七五三で着飾った人たちが階段を上っていく。征服された神社にいくのですか？　と聞きたかったのですが、神主は「私は日本人ですから、征服した側です」というのです。東北の人でしょう？　東北の人は征服された側ではないかと思うのですが、記憶がすり替わっている。私は日本人、私が支配した。支配された側はどこにいるのかと聞くと「さあ？」という。

内地植民地として蝦夷があった。坂上田村麻呂などがどんどん支配していった。それが海外の植民地へと出ていった。海外神社と呼ばれていますが、植民地神社ですよ。そこにあったのは帝国神道です。国家神道ではなく、帝国の神道がシンガポールにまでありました。昭南神社です。チマチョゴリを着ている朝鮮人も彼らは帝国の一部の日本人として、強制参拝させられたのです。彼らは日本籍でした。今から見れば、日本はかなり強引なことをしたと言えるでしょう。

いうことを聞かない植民地の人は日本兵に虐殺されました。そうした写真が登場する「靖国」という映画があります。私はこれを京都で見たのですが、当時、朝日新聞のキャンペーンがあり、「靖国を上映し、海外の人がどう思っているかを受け止めよう」という動きがある一方で、中止だという動きもあり、もめました。地域によって上映するかしないかがありました。京都では上映しました。騒ぎになるかと思いましたが、何も起きませんでした。不気味だったのは、上映後に帰るおじいさんおばあさんが「言ったほどじゃなかったねえ」と言ったのです。普通だと。つまり、悪いと思わないのです。自分の問題として受け止めない。その鈍感さがとても怖かった。今日はここへ来る前に靖国神社へ行ってきましたが、この映画には軍服を着て礼拝に行く天皇の映像が含まれています。それを反復しているのが、安倍首相であり、小泉首相であったというのは言うまでもありません。

眼差しと公共空間

そういう意味で、非常に難しい、祀るものと祀られるものの対比があります。その中で、なぜ天皇家や伊勢神宮が必要とされるのか。ジャック・ラカンという一九六〇年代を中心に活躍したフランスの精神分析家がいます。フロイトの弟子です。フロイトを構造主義的、ポストモダン的に読んだ人だと言われています。彼は「人間は、自分で自分のことを決められるほど強くない」と言っています。人間が自分であると思えるのは、他人の眼差しに見つめられた時だと言います。自分は普通だ、私は私だ、と思えるのは、疑いの眼差しがなくなった時。国民である、日本人であるという保証は、誰かに見つめられ、誰かに与えられることで完成する。

近代国家では大国主ではなく天皇、それを支えたのは伊勢でした。近代の天皇は、伊勢、靖国、明治神宮の三個所へ行っていました。今の社会ですごく気味が悪いのは、靖国に天皇や総理大臣が行けば問題になりますが、他の二個所は問題にならないということです。けれども島薗さんが言うように、国家神道は靖国、伊勢、明治の三つのトライアングル、国のために死んだ英霊たちと呼ばれる人の神社で構成されています。誰が祀るかといえば、天皇です。だから政府は繰り返し国有化したがるのです。それから、伊勢は天皇が神の子であった根拠となる。そして、明治神宮は近代天皇制が始まった場所。これが九〇年代以降の姿、天皇制と国家神道の形です。大国主は入ってこなかったはずなのですが、出雲を今、このトライアングルの中に入れて、違う物語を作ろうとしています。

ハンナ・アーレントという女性哲学者がいます。アーレントはドイツ系ユダヤ人で、ナチス時代にアメリカへ亡命しました。彼女は「公共空間がとても大事だ。そこにおいて、私たちはいろいろな意見を言う。公共空間とは、人間が社会的権利を持つ場だ」としました。プライベートは古代ギリシャでは、公共権を失った状態という意味です。公共権が欠如（deprived）した状態。だからギリシャには奴隷がいたし、女性、子供はいつも家にいた。成人男性である市民だけが政治に加われたのです。そこへ行けない人はプライベートな空間の人でした。ナチス時代には公共空間がほとんどなくなって、すべての国民が人権を奪われた状態になった。戦前の天皇制と同じようなものでしょう。しかし、ナチスと戦前の天皇制を笑うことは簡単です。現代の若い人たちが天皇に憧れたり、出雲へ行って伊勢のお札を買ってしまったりする。この社会は、公共的にまともにものが考えられる空間なのでしょうか。すでに公共空間が大きく歪み始めていないでしょうか。

アーレントは個人が個人であればいいと言いました。しかしそうでしょうか。そうあることはできますか？　彼女は他人の眼差しはいらないと言いました。丸山眞男もいらないと考えています。そういう人たちは主体というものを個々人が作れば成熟した社会が来ると、戦後すぐに言ったはずです。しかし、実際にできた今の社会は、再び天皇や伊勢、出雲や何かに我々は見られたいと思っている。だとすれば、アーレントが言う、何に見られなくても自分が自分であれるという想定は、ごく一部の恵まれた人にしか起こりえない、または彼ら自身も錯覚しているだけです。これを合理主義、あるいは啓蒙主義といったのです。

この時に、たとえば仏教の阿弥陀、仏などの眼差しが必要になってくる。天皇制とは違う形で、他人に心を開いていける空間というのは、眼差しを消すのではなく、誰の眼差しをどう受け止めるかが大事なのです。おそらく、私がこういう場で話したいと思っているのは、宗教が持つ可能性と怖さを感じている人たちと、一緒に考えたいと思っているからです。

ラフカディオ・ハーンは狐を家に祀りました。出雲では狐は祀ってはいけないものです。面白いですね。京都では伏見稲荷を始め、お稲荷さんがあります。出雲では家に稲荷神社があると「大丈夫か？」と言われる。狐憑きの家は、他の家と結婚はできない。狐憑きの家同士でしか結婚ができないのです。地元の出雲の人はそれを今でも信じています。

小泉八雲はなぜ、狐を家に祀ったか。想像ですが、理由の一つは外国人だから。もう一つは、わかっていたけれども、そういうものを排除したくなかった。推測できるのはこういうことです。小泉八雲のところには、零落した武家の娘や商家の娘が身の回りの世話をしにやってきて、そういう女性と結婚しています。おそらく、これはその人の家なのです。だから、その家は狐を持っていたとみなされていた可能性もある。一方で八雲は、吉本隆明ふうにいえば、そういう共同幻想の中にいなかったということです。

大国主は出雲では祀られていますが、さらにもう一つ下のレベルに、大国主と違い、祀られることが禁止されている神がいます。妖怪、狐。そういう祀られない存在を私たちは視野に置いて、共存できる社会を作らなくてはいけません。それがハンナ・アーレントの思想を今の時代に活かしていくことになるでしょう。そこにうまく応えられていないから、若い人たちは伊勢神宮へ行ったりなどして、自分を満たそうとするのでしょう。

戦後の国家神道

弘前からもう少し北へ上がった金木町に川倉地蔵さんがあり、そこには無数の花嫁人形、花婿人形があります。お父さん、お母さんがこの人形が入った箱を抱えていくそうです。早くに亡くなってしまった自分の子供が二十歳になる年に、配偶者の人形を携えてくるのです。死んだ彼らはあの世で生きている、そこで結婚して暮らす、という民間信仰です。遠野地方、柳田國男の『遠野物語』で有名ですが、そこでは絵馬や人形を作っています。死んだ後に結婚する冥婚という儀式があって、おそらく仏教以前の民間信仰であろうと言われています。恐山にも川倉にもイタコがいて、霊を降ろします。イタコとセットで、こういう風習があります。死者と会話を交わす社会です。東日本大震災で、神戸の震災よりもお坊さんが必要とされたというのはそういうことでしょう。

ところが、靖国にも花嫁人形があるのです。北海道のおばあさんが、息子が先の戦争で死んだからと納めたそうです。はじめ、靖国神社はいやがったようです。国家神道ではなく民間信仰だから。ところが、来る日も来る日も持ってくる人がいるから、止むを得ず置くようになったようです。今、遊就館という靖国神社の博物館の最後は花嫁人形なんです、靖国本殿の渡り廊下には、無数の花嫁人形があるそうです。これをもって池上良正さんという駒澤大学の先生が問いを出しました。果たしてこれは、民間信仰が靖国の権威を打ち破ったのか、逆に、民間信仰が天皇の眼差しに支えられなければ自分を支えきれなくなったのか。どうでしょう。その後日談を池上さんは書いています。民間信仰は天皇制に負けた、それが池上さんの答えだったということです。ここでも眼差しというものが出てきます。民間信仰がなぜ民間信仰のままであることができないのでしょうか。なぜ天皇の眼差しを置かなければ、彼らは自らの死んだ息子が幸せだと思えないのでしょうか。

　明治天皇が祀られている明治神宮では結婚式が行われています。靖国で国民の死をコントロールし、結婚は生殖行為ですから、子供を産むという問題は明治神宮で司っている。国家神道は、国民が生まれて戦争で死ぬまで、というストーリーを作る材料を持っている。それをミシェル・フーコーとジョルジョ・アガンベンはバイオ・ポリティクス、「生政治」と言いました。難しいことを考えなくていい、気持ちいいと思えれば、ゆりかごから墓場まで、あなたの人生は天皇陛下が面倒見てくれます。意識しなくていい。秩序に従っていればいい。イデオロギー的に思想をつくり直したり、拷問をしたりする必要はない。本人の知らぬ間に、その空間に放り込んで、正しい、正しくないではなく、快不快の原理で生きさせれば、権力は長持ちする。もしかすると、現代を神話化するものはそういうものかもしれません。

『明治神宮戦後復興の軌跡』（明治神宮社務所、二〇〇八年）という本があります。「夫婦は楠の前に立ち、微笑みいっぱいで写真に納まるのは、式を挙げたばかりの一組の夫婦」と。すごく明るいイメージ。それが最後に「明治天皇の参拝」で結ばれる。恋みくじが伊勢大麻とセットで売られるのと、どこが違うのでしょうか。

　ロンドン大学ＳＯＡＳから日本の研究所に籍を移した研究者がいます。彼は、戦前の国家神道は終わったと言います。もう忘れていいんだよと。神道は「民族宗教（national religion）」だから、日本人が自分たちで信じているならば、誰にも迷惑をかけないと言って、明治神宮をサポートしています。彼のもとで博士論文を書いた日本人女性は、明治神宮に勤めています。そして、明治神宮の寄付金講座が当時彼のいたロンドン大学ＳＯＡＳで始まりました。サンタバーバラ大学、コロンビア大学、全部神道に対する寄附講座をやっている。神道国際連盟のお金が入っています。彼らは外国人のアイデアを募ります。そうすると日本の信仰や宗教のレクチャー集が一冊できます。そういう人たちは日本の神道には政治的な責任はないよと言ってくれます。明治神宮やイギリスから来た研究者にとって、この言葉は耳に心地よいですよね。しかし、彼らの期待に反して島薗さんはこう言っています。「一九四五年以降も国家神道は存続している」と。

そもそも批判的契機を欠いたこの外国人やその弟子の研究は、本当に学問なのでしょうか。それを批判しようともしない日本人の宗教研究者たちは、一体、何を考えているのでしょうか。自己肯定を相互にしあうところから来るビジネスとしての学問、その無批判性に今日の人文学の危機と呼ばれる問題の、研究者側の欠点があるように見えてなりません。

天皇の恐れ

話は終わりに近づきました。宮沢賢治の言葉を引いて終わりにしましょう。祀られざる神も、神の地位にある。つまり、妖怪や狐のような神にも神の身土がある。宮沢賢治の伝記を書いた詩人の山尾三省は、祀られなくても神は神だと。眼差しはいらない。なくてもいい。路傍の石のような祠でも、私たちが拝めば、それは神なんだ。天皇じゃなくてもいい。山尾さんが見つけたのは屋久島の縄文杉でした。これが私の神です、と。

しかしその一方で、御体御占《ごたいのみうら》と言って、天皇の体を占うと、何処かに祟りが見える。そうすると、出雲の大国主命が祟っている、奈良の大物主神が祟っている、とお告げが出る。

そこに捧げものをする。これが元々の捧げものの意味でした。

今も、天皇は日本列島をシンボルとして体現しているといいますが、これはどういうことでしょう。二つの解釈ができます。一つは天皇の想像力の中で、私たちは彼の手の中にあるということ。しかし、逆に古事記や日本書紀はこのようにも読めます。天皇はいつでも、祟られることを恐れている。常にそのからだは国民や世界に開かれているので、どこかで反乱が起きやしないかと恐れている。表裏一体です。

靖国の人形も同じです。池上さんは絶望を読み取ったけれど、靖国の中に、靖国の理解できない要素が入っていって、靖国の祭祀もひっくり返すこともできるかもしれない。古事記や日本書紀の崇神天皇紀というのは、天皇がいつも恐れているという物語です。天皇は現人神でしたが、そうである以上、いろいろなものが彼を蝕む可能性があり、私たちが意味を読み替えることもできる。

一番いいのは、天皇の権威の外側にいくことでしょう。しかし、恋占いをしている女性たちがある方向性を与えることで、社会に対する批判的な主体のあり方や、他人との共存の仕方を作れるかもしれない。権力の中に入れば入るほど、権力を変えることもできるし、権力に蝕まれてしまう可能性もあるのです。

平成の天皇の日本各地への訪問。これにどういう意味をつけるのか、よくよく考えなくてはいけないと思います。大国主という存在は、天皇家によって封じ込まれた存在ですが、おそらく封じ込めきれなくて、天皇が毎年占いに行くのです。どこに反乱が起きるかわからない。その意味では、大国主は単なる封じ込められた土地の神ではありません。ひっくり返す存在。それを私は、謎めいた他者の声を聞くと呼んでいます。大きな権威とは違う声を、どのように聞くのか。宗教者や学者にとっては、声にならない声を取り上げていくことが非常に大事でしょう。

一方で、小さな祠がある。風土記にこのようなことが書いてあります。峠があり、そこには悪い神がいて、村人を殺していた。村人は通りかかった天皇に頼んで、峠の神を殺してもらった。村人は外から来る力によって幸せになれたのです。非常に不気味な物語です。私たちは、私たちだけでは私たちでありえない時に、外から来る力によって秩序を保つ。その力をどう使うか。殺すのか、依存するのか、カルチュラル・スタディーズの鼻祖であるスチュアート・ホールの言うように「交渉（negotiation）」するのか。それが、私たちが天皇制をどうするのかという問題に委ねられていると思います。大国主は、その問題の試金石の一つであり続けると思います。

宋琦　三つの質問をさせていただきます。一つは、神のいない宗教といる宗教があり、日本の場合は多神教です。自然の中に神が存在していて、天皇はその代表として現れていると思います。宗教という範囲で、天皇と神様との関係はどう考えたらいいですか。

磯前　神様の問題ですが、私が天皇制を他者の眼差しで考えたのは、西本願寺と東本願寺の合同討論会でした。たしか東日本大震災を考えるという催しで、その時に、阿弥陀様の眼差しで救われると言われた方がいた。もう一人の方が、阿弥陀に救われることと、天皇の眼差しで救われることのどこが違うのかといったのです。満足して死ねるならば、阿弥陀だろうが天皇だろうが構わないのか、と。それは違うとなった。天皇の眼差しというのは、残念ながら今の段階では非常に排他的で、自分の考えやアイデンティティが固定化し、他人に開かれていない。阿弥陀に可能性があるとすれば、本来、阿弥陀は修行することで、自分を相手に受け渡し、他人に開かれていく。オウム真理教の麻原彰晃は人間でした。人間に人間を受け渡すのはまずい。人間である天皇が現人神であるとしてもまずい。

それを聞いていたコーネル大学の酒井直樹さんという人は、おそらく、日本で近代に宗教が発達しなかった理由の一つは、天皇制が一神教の役割を果たしたからだと話していました。だから天皇制に取り込まれた人は、天皇制以外を信仰しても天皇制に反しない限りで、ということになる。今も天皇は国民の象徴ですから、それを否定しない限りにおいて日本人である。だとすれば、酒井さんは、近代から今に至るまで天皇制はプロテスタントに対抗する形で成功してきた。宗教は、その傘の下にいる形で存在できる、と。宗教学者である安丸良夫は、これを「日本型政教分離」と言っています。

最後に、西本願寺のお坊さんがそれを受け取って答えました、なぜ阿弥陀様を信じている人が、天皇の戦争に協力したか、わかった気がする、と。阿弥陀と天皇の区別がつかず、同一線上に並べてしまったのだろう。だとすれば、あの時代の西本願寺、東本願寺の戦争協力は、いっときの間違いではない。阿弥陀信仰すら含んでしまう天皇制や、国家権力に殉じてしまうような宗教論理を暴き出さない限り、永遠に反省はできないと若いお坊さんが言っていました。

宋琦　二つ目の質問です。国家神道という言葉は、国家と神道という二つの言葉から成り立っています。江戸末期の大国隆正などの国学者は、正当性のために神話を歴史の中に入れて国家神道を作ったように感じますが、それについて教えていただけますか。

磯前　森鷗外が書いた『かのように』（一九一四年）という小説がありましたが、これが画期的な小説でした。「As if」、まるであるかのように、ないものを語る、というタイトルです。何がないか。天皇の審判。森鷗外は当時、山縣有朋か誰かに頼まれました。天皇家の神話をどう書いたらいいのか、と。どこまでが神話でどこまでが歴史なのか。小説の主人公は悩んで、「あるかのように書けばいい。あるかのように生きるというのが、日本社会で生きる上での運命だ」と言った。

それを受けて出てきたのが津田左右吉です。津田は、六世紀より前が神話である。なぜならば六世紀より前は記憶だけで文字がないから。六世紀より後、継体天皇以降はほぼ事実であり、あるかのようにではない。このように切り分けたのが津田でした。それが一九四〇年代、もう一度ごちゃ混ぜになった。それをやったのは、黒板勝美という東大の国史の教授でした。黒板は朝鮮総督府の顧問をしていました。朝鮮史を書かせるのも黒板の仕事でした。そういう中で、神話は歴史として復活するのです。

今どうなったか。危うい状況にあると思いますが、どこまでが神話でどこまでが歴史かをはっきり言える歴史家はいないと思います。津田が作ってきた、歴史と神話の二分法は崩れてしまいました。あらゆるものは人間の解釈が作る、出来事自体は語れないというのがポストモダン以降の状況。そうすると、今、質問された問題にもう一回戻ると、既に大正時代に和辻哲郎が言ったように、「昔から記憶が混じっていたのではないか」。今の歴史学会は和辻と津田のどちらを持ってくるのか、答えが出ないと私は思っています。とても難しい。神話とは何かを問い直さなくてはいけないでしょう。神話とは事実ではないもの、という定義にはなりえない時代だと思います。

宋琦　崇徳天皇は保元の乱で四国へ流されましたが、その後、白峯神宮に祀られました。このように、最初は信仰から排除されていたのに、その後の時代に祀られるようになる、運命が変わることはありますか。

磯前　崇徳天皇は京都に祀られています。もとは天皇になれるはずだったのに、戦さに負けて島流しになった。それを恨んで自分の舌を噛み切り、すべての人間を呪ってやると言って亡くなった人だと言われています。菅原道真と同じ、恨み、御霊信仰の恨みです。京都の人はとても恐れていて、祀って許しを請いました。許された時、その恨みの力は自分を保護する力になると考えたのです。

村上重良という国家神道の研究で有名な人がいますが、彼は靖国の元は御霊信仰だと言っています。恨みをどう鎮め、取り込むか。著書に『慰霊と招魂』（一九七四年）という素晴らしい本があります。村上は、御霊をいかに取り込むかというのが、日本の宗教の一つの軸だと言っています。これでアガンベンが言っていることも分かるのですが、排除と包摂。排除することで秩序に取り込む。そこで共同体は、崇徳天皇など、不遇の死を迎えた人をみんな取り込んで発展していくのです。妥協や和解はなされてはいないけれども、なされたとして取り込んでいく。それが今日の話のポイントです。

大国主は出雲大社に祀られています。誰が祀っているのかといえば、出雲国造です。出雲国造はどこの生まれでしょうか。高天原の神からです。つまりは天皇家の側が祀っているのです。人民が自分自身の眼差しで自分を支えているのではないように、出雲で大国主はすでに、天皇の眼差しで祀られることで居場所を獲得しているのです。非常に意味深いことです。

私はこのテーマに関する論考を『現代思想』（二〇一三年一二月臨時増刊号）に出しました。出雲神話の特集の時です。ほとんどの人はその問題に触れていません。出雲は正しい、天皇は間違い。なぜなら出雲は土着の神で、土着の豪族が祀っている。天皇家はそこを潰したのだから、悪いのは天皇だ。「本当に、そんな解決ができるのか」と私は編集部に言いました。すると、次から依頼が来なくなってしまいましたが、彼らが望むストーリーがあるのです。被害者としての出雲、加害者としての天皇という。以前のマルキストと同じです。しかし、天皇によって出雲は出雲たりえたということを認めることから、何かを考え始めていかなくてはいけない。いつまでも気楽に、自分は秩序の外側で被害者だという立場は成り立たないと思います。日本の眼差しの問題は、最終的にはオウムの眼差しというものに回帰してしまうだろうと思っています。

（宋琦氏は総合研究大学院大学文化科学研究科国際日本研究専攻後期博士課程、存学）

第四講　国家神道と神聖天皇崇敬

島薗　進

目次

国家神道は戦後も生きている

二〇一九年は気候変動が顕著になりました。どこへ行くのかわからない時代になっていると思います。そういう中で、日本の精神状況を見るときに、やはり国家神道が軸になると考えています。しかし国家神道という言葉の意味が、なかなか一致できない論争状況になっています。とはいえ、政教分離をめぐる裁判ではそこが核心になってくるわけです。

私は憲法学者にはおおよそ支持されていると思っていますが、日本史の人たちは二つに割れている感じだと思います。宗教学の人たちはこの問題について意見を言わない人が多いです。そういう状況にあって、「国家神道」という言葉だけでは揺れてしまうところに、「神聖天皇崇敬」というものを持ってくるとおさまる、というところまで来ました。ここまで来るのに二十年近くかかりました。

二〇〇〇年頃からこの問題に取り組んできまして、近年一番中心にやっているのは日本の近代宗教の構造を捉えることですが、日本の古代からの宗教史を全体としてつかまえるには、ここを押さえておかないといけない、ということで取り組んでいます。国家神道という言葉を使うと、「あなたの使い方には賛成しない」と言われてしまうのですが、「神聖天皇崇敬」という言葉を補うと、かなり一致できるところまで行けるというところまで来ております。

さて、国家神道は戦後も生きている、ということですが、二〇一九年四月三〇日に平成の明仁天皇の退位の式典があって、黄櫨染御袍《こうろぜんのごほう》という茶褐色の礼服を着て天皇が出てきました。そこで賢所《かしこどころ》が映るわけですが、あそこがテレビの画面に映ることはめったにない。しかし、その式典は国家行事かどうかが大問題です。国家が神道行事をしているとなると、憲法第十九条の思想・良心の自由、憲法第二十条の信教の自由と政教分離、そこに触れてくるわけです。

五月一日には、剣璽《けんじ》等承継の儀が行われる。これは国事行為です。しかし剣璽というのは、三種の神器の草薙剣《くさなぎのつるぎ》と八尺瓊勾玉《やさかにのまがたま》です。これが天皇の居室のすぐ横、剣璽の間というところに置かれている。これを代替わりの最初に、新しい天皇に引き渡す。それで「天《あま》つ日嗣《ひつぎ》」というわけですが、三種の神器こそが天皇の位、践祚とか宝祚とか言いますね。天皇の位を宝と言っているわけです。三種の神器が受け渡されていくことが天皇の神聖な地位、万世一系の国体の核心にあることだと思います。

この行事は、昔は剣璽渡御《とぎょ》の儀と言っていましたが、剣璽という神聖なものが自分で渡ってというのはあまりに宗教的なので、承継の儀と言うことにした。御璽《ぎょじ》という判子《はんこ》と一緒に渡すから神聖なものではないんだと言おうとしているわけです。でも、判子自体もかなり神聖なものなんですよね。

堀江友声という人が明治維新の直前に書いた絵があって、島根県の山辺神社にあるのですが、真ん中にいるのは天照大神。横に高御産巣日神《たかみむすびのかみ》がいる。下にいるのは瓊瓊杵命《ににぎのみこと》。天孫です。天照から瓊瓊杵命に三種の神器を渡している場面です。ここから瓊瓊杵命は地上へ下っていく。ここで天壌無窮の神勅が下されている。この地上世界は永遠に天皇家が支配する、それが神の命令である、ということです。その印が三種の神器。それが代々渡されるというのは、明らかに神話的・宗教的な意味を持った行事です。

これは国家神道の一部だと私は思うのですが、「いやいや、これは祭祀です、お祭りです」といろいろなことを言ってごまかしている。大嘗祭はどのお金でやるのかで、もめています。今は国事行為ではないけれども、国の予算でやるとなっている。秋篠宮がもっと小規模なものにしてよ

『古事記絵詞』天孫降臨（部分）堀江友声画

ろしい、そうすべきだ、と。そして内廷費という皇室の私的予算の範囲でやるべきだ、と言っています。

明治天皇が死んだ後、大正天皇の大嘗祭は大正四年に行われています。それは昭憲皇太后がなくなったこともあって遅れたのですが、普通、即位の年にはできません。お米を作るところからしなくてはいけないから。どこでとれるお米かを選ぶところからやらなければいけない。どこがいいのか、悠紀の国、主基の国、今年は栃木県と京都府でしたが、今年はそれが年内にできたわけです。

大嘗祭は神道行事そのものです。普段、毎年やっている新嘗祭に当り、代替わりの時にやる特別な儀式。新嘗祭は神嘉殿という、宮中三殿の横にある小さなところでやっています。それと同じようにすればいい、というのが秋篠宮の考えです。ところが、これも大嘗宮を建てて大々的な国家イベントにした。

大正時代には柳田國男という民俗学者、当時は貴族院の高級官僚でしたが、彼は大規模なお祭り騒ぎをすることに反対しました。そんなことは歴史上したことがない、宮中でひっそりとやっていたお祭りを、大イベントにするのは間違いだと書いた文章があります。秋篠宮と柳田國男の反対は少し事情が違います。秋篠宮は政教分離を念頭においてそういうことを言っていますが、いずれにしろ、この大々的な大嘗祭というのは、近代に作られ

ご購読ありがとうございます。このカードは、小社の今後の出版企画および読者の皆様
のご連絡に役立てたいと思いますので、ご記入の上お送り下さい。

〈本のタイトル〉※必ずご記入下さい

●お買い上げ書店名(　　　　地区　　　　書店

●本書に関するご感想、小社刊行物についてのご意見

※上記感想をホームページなどでご紹介させていただく場合があります。(諾・否)

●購読新聞

1. 朝日
2. 読売
3. 日経
4. 毎日
5. その他
(　　　　)

●本書を何でお知りになりましたか

1. 書店で見て
2. 新聞の広告で
(1)朝日 (2)読売 (3)日経 (4)その他
3. 書評で (　　　　紙・誌)
4. 人にすすめられて
5. その他

●お買い求めになった動機

1. 著者のファン
2. テーマにひかれて
3. 装丁が良い
4. 帯の文章を読んで
5. その他
(

●内容

□満足　□普通　□不満足

●定価

□安い　□普通　□高い

●装丁

□良い　□普通　□悪

●最近読んで面白かった本　(著者)　　　　(出版社)

(書名)

㈱春秋社　電話 03-3255-9611　FAX 03-3253-1384　振替 00180-6-2
E-mail:aidokusha@shunjusha.co.jp

郵便はがき

101-0021

お手数ですが
切手をお貼り
ください

千代田区外神田
二丁目十八―六

春秋社

愛読者カード係

送りいただいた個人情報は、書籍の発送および小社のマーケティングに利用させていただきます。

ﾘガナ) 名前 (男・女)	歳	ご職業
住所 〒		
mail	電話	

新規注文書 ↓(本を新たに注文する場合のみご記入下さい。)

注文方法 □書店で受け取り □直送(代金先払い) 担当よりご連絡いたします。

地区	書名		冊
この欄は小社で記入します			冊
			冊
			冊

た国家神道の儀礼です。

新嘗祭は伊勢神宮の神嘗祭に対応する宮中儀礼です。伊勢神宮では新しい収穫物を天照大神に捧げる神嘗祭というのがあります。それに対応して宮中でもやるのが新嘗祭。明らかにこれは、国家神道的な儀礼であるわけです。

私も大嘗宮を見に行きました。満員で、平成の代替わりより集まった人が多かったですね。費用は二十数億。それでいて、もう壊しています。そんなことにお金を使う必要があるのか、というのもあるし、それを見に行ってお祭り騒ぎをしているということ自体にも、大いに問題があるのではないかと思います。


国家神道は「神道指令」によって解体されたと言われています。神道指令というのは一九四五年一二月一五日にＧＨＱが出したものです。本来は英語で書かれたものなので、日本語がちょっとおかしいですが、題は「国家神道、神社神道ニ対スル政府ノ保証、支援、保全、監督並ニ弘布ノ廃止ニ関スル件」というものです。「国家神道、神社神道」と並んでいるのは、国家神道とは実は神社神道なのだという定義を使っているからです。

これがかなりあやしいところです。定義としてこうあります。「本指令ノ中ニテ意味スル国家神道ナル用語ハ、日本政府ノ法令ニ依テ宗派神道或ハ教派神道ト区別セラレタル神道ノ一派即チ国家神道乃至神社神道トシテ一般ニ知ラレタル非宗教的ナル国家的祭祀トシテ類別セラレタル神道ノ一派（国家神道或ハ神社神道）ヲ指スモノデアル」。

国家神道と神社神道が同義であるということです。ここで抜けているのは、天皇の神道儀礼です。村上重良先生が書いた『国家神道』（一九七〇年）という本は、少し古くなっていますが、今でも読まれているものです。村上先生はその本を書いた少し後に『天皇の祭祀』（一九七七年）という本を書いています。国家神道というと、神社中心に神道を見るのですが、実は天皇のお祭りが中心なんですね。

ここが重要なところです。でも天皇の祭りとは何か。神道儀礼もあるけれども、それだけでなく、教育勅語とか軍人勅諭も入ってくるし、御真影なども入ってくる。これは神道なのか、意味を広げすぎではないか、という意見があります。私はそこを「神聖天皇崇敬」という言葉で言えばいいのではないかと考えています。国家神道と神聖天皇崇敬は一続きですが、神聖天皇崇敬こそが国家神道の中心にあるとみてもいいと思います。

ＧＨＱはこの定義で、神社神道を国家から切り離せばいい、というのがこの指令の基本姿勢です。アメリカが国是とする国教体制の解体。Disestablishment というのは国教制度をなくすこと。ヨーロッパの国々はほとんど国教体制でした。そこで、マイノリティーで信教の自由を求める人たちがアメリカに渡り、一三州が連合して（United States）、特定の教会を掲げない国家を作る。国教体制をやめる。宗教を大事にする国でありながら、国教体制を取らないというのがアメリカの根本です。その中には国教体制こそが人を抑圧する。宗教が持つ自由の機能、人間を自由にする機能を国教体制が阻んでいるのだというアメリカ的な考え方があります。

国教体制の廃止というのが信教の自由の核心である、ということになるのです。このアイデアを日本に持ってきて、国家と神社神道を切り離しましょうと。伊勢神宮や全国の主要な神社は国家機関で、神職は国家公務員待遇であったけれども、すべて民間団体になった。これが大きな変化です。これをもって国家神道の解体と言っています。

しかし、それが核心なのか。戦前の日本の人々が思想信条の自由を持っていなかったこと、天皇を神聖なものとして崇敬することで、玉砕というような、天皇のために死ぬこと、住民さえ巻き込むことが当たり前になり、国体を護持するために、いつまでも戦争を止められなかったということ。そういうことをＧＨＱはよくわかっているのです。ですから、神道指令を出す前の検討段階では、「実は天皇のカルトこそが問題だ」というような検討もしているのです。

ただ、一九四五年一二月の段階では、天皇の処分は未確定。天皇制を維持する方向に傾いてきましたが、全く責任を問わないのか、天皇退位の可能性も含むのか、決まっていなかった。極東裁判の中で、天皇には責任があるという話が出た時もあったわけです。ただ、マッカーサー的には日本の占領統治は天皇制維持の方向でした。これは当時の日本は、国体を護持した方が占領統治がうまくいく。次第に共産主義の影響が来るだろうが、日本を味方にするには天皇制維持がいいという方へ傾いていく。しかし、天皇の問題は横に置いておいて、まずは信教の自由を確かなものにする、これは日本国憲法あたりではっきりしてきます。そこでは、神社を国家から切り離すというところに主眼を置いていました。

しかしそれでは神聖天皇の問題が抜けている、というので、「神道ノ教理並ニ信仰ヲ歪曲シテ日本国民ヲ欺キ侵略戦争ヘ誘導スルタメニ意図サレタ軍国主義的並ニ過激ナル国家主義的宣伝ニ利用スルガ如キコト」を抑制しようとした。これは、神道は宗教であるという前提と関わります。アメリカ的には宗教は人間を自由にする。しかし、二〇世紀はイデオロギーの時代で、イデオロギーが人間を歪める。全体主義はイデオロギーによって生ずる。共産主義とファシズムが代表的です。日本で言えば「軍国主義的並ニ過激ナル国家主義」、ミリタリズムとウルトラナショナリズム。これが日本の神道を、イデオロギーによって歪めたのだと。だから神道や、宗教団体からその要素を外すことが大事だ。国民の中からそういった要素を外す、ということも含んでいます。「軍国主義的並ニ過激ナル国家主義」は、実は神聖天皇崇敬の極端な形とも言えます。

「日本ノ天皇ハソノ家系、血統、或ハ特殊ナル起源ノ故ニ他国ノ元首ニ優ルトスル主義」。ここで天皇を取り上げていますが、これは国体論ですね。国体論をこのように定義している。他国に比べて優位にあり、日本の指導のもとに世界を統一するのだという方向に向かったのが間違いだと。

この最後の部分を強調しなくてはいけないというので、一九四六年一月一日にいわゆる「天皇の人間宣言」をさせた。それまで勅語や詔、神の言葉を語る、神あるいは神に準ずる存在であった天皇が、自ら神であることを否定することで、神聖天皇崇敬の禍々しい様相を和らげる。これは法的な根拠はありませんが、その宣言が象徴天皇制というところで生きていくことになる。そういう流れになっています。

平成の明仁天皇の退位の「おことば」というのは、八月八日に行われていて、一月一日と八月八日は関係があるのではないかと私は思っています。その中では、盛んに「敬愛と信頼」という言葉が用いられています。国民と天皇の関係というのは神話に基づくものではなくて、相互の敬愛と信頼に基づくものであるというのが、天皇の人間宣言のメッセージの核心にあるわけです。それを明仁天皇も繰り返した。それが象徴天皇制の中に具体化していく、というように見ることができると思います。

戦後の国家神道と神社本庁

民間団体になった神社は直ちに結集し、国体論的な思想をもつ国家神道主義のリーダーたちが集まって、宗教団体を作った。それが神社本庁です。一九四六（昭和二一）年一月二三日に設立総会が行われている。団体名も役所のように「本庁」とした。やがて国家機関になるのだ、そうでないのはおかしいという意気込みのもとにそうなっています。ですから神社本庁というのは、戦前の体制に戻ることを最大の課題として掲げ続けてきた団体です。それが自民党の人たちの政策に、かなり組み込まれていて、憲法改正論にも影響している。その「神社本庁憲章」というのが一九八〇年にできています。

その第一条は「神社本庁は、伝統を重んじ、祭祀の振興と道義の昂揚を図り、以て大御代の弥栄を祈念し、併せて四海万邦の平安に寄与する」。ポイントは「大御代の弥栄」。大御代というのは天皇の治世ということで、それは天照大御神から委ねられた治世ということになります。先日も教派神道連合会の新年会に行きましたら、ある自民党の代議士が来ていまして、最後は万歳になったんですが、「いやいや、万歳じゃなくて弥栄にしましょう」と。

第二条は「神社本庁は、神宮を本宗と仰ぎ、奉賛の誠を捧げる」。何々神宮はあちこちにあると思いますが、単に「神宮」というときには伊勢神宮を指します。仏教の本山よりすごい。全神社は伊勢神宮の下に統合されるという理念が出てくるわけです。「神社本庁は、神宮及び神社を包括して、その興隆と神徳の宣揚に努める」。

第三条、「神社本庁は、敬神尊皇の教学を興し、その実践綱領を掲げて、神職の養成、研修、及び氏子・崇敬者の教化育成に当る」。尊皇なのです。ですから神職養成の学校は明治一五年頃に作られますが、一つは皇學館、もう一つは國學院――そのもとは皇典講究所といいました。皇典は天皇の古典です。皇道を広めるという目的が神職養成機関の名前から分かります。皇道は天皇の道、尊皇の道です。

ですから、「国家神道というのは神社のことだけを指すんだ」というのは、当時の語法ではそうかもしれませんが、皇道とか祭政一致とか国家の中心に神道があり、その中心は天照大御神と天皇なんだというのが柱にあるのです。これは水戸学、とくに後期水戸学、会沢正志斎の『新論』のあたりで定まってきた路線で、それが一度も明治維新以降、揺らいでいない。それが近代日本の宗教と政治を理解する鍵です。

『神社本庁憲章の解説』（一九八〇年）という本も出ています。第一条「大御代の弥栄を祈念」の解説では、「祭祀の振興、道義の昂揚により、究極的に目指すところは大御代の弥栄である」とし、続いて御製が三つ挙げられています。「世治まり民安かれといのるこそ我が身につきぬ思ひなりけり（後醍醐天皇）。ちはやぶる神ぞ知るらむ民のため世をやすかれと祈る心は（明治天皇）。わが庭の宮居に祭る神々に世の平らぎをいのる朝々（昭和天皇）」。ここでは、天皇が民衆すべてのために祈っている、国家の平穏のために祈っているということが強調されます。三人ともに祭政一致の体制下で最も尊敬された天皇です。自分が政治も担うという姿勢を示した。「畏れ多くも、御歴代の天皇民の為にかく祈り給ふ。億兆かゝる聖慮に応へ奉る為には、ひたすら大御代の弥栄を祈念申し上げることこそ、神社祭祀の本義でなくてはならぬ」。

　初詣に来ている人たちに、神社のお祭りの本義はこれですが、いかがでしょうかと聞いたら、みんな賛同しないと思いますが。氏子、参拝者が望んでいることと、神職が望んでいることには大きな開きがある。

　神職は一八八二（明治一五）年ごろ、皇學館・皇典講究所ができて、そこが現代に至るまで神職養成機関になっています。そこでは神道指令のせいで、ＧＨＱのせいで、日本が道を誤ったと理解されている。これが今も皇學館・國學院の神職の教育の基軸になっています。もちろん、その考えに反対する神職もいますが、数は少ない。こうして育てられた神職たちと神社本庁は強く関わっているわけです。

第二条の解説は、「八百万の天神地祇のなかで、天照大御神が至尊の神であらせられ、神宮が天皇御親祭を本義とされることは記紀によっても明らかである。また古語拾遺にはその御神徳を、『天照大神は惟れ祖惟れ宗にましまして、尊きこと二《ならび》無く自余の諸神は乃ち子乃ち臣にましまして孰か能く敢て抗らむ』としてゐる」。一神教のような感じです。天皇こそが至尊であると。歴史上の神道は、明治以前はそんなことはなかったのです。少なくとも徳川時代に水戸学や国学などが出てきて、こういうことを言い始めるわけです。しかしそれ以前は、それぞれの神々がそれぞれに自分の威力を誇っている、というのが神道の歴史です。

神社本庁が最初に取り組んだのが、「神宮の真姿顕現運動」です。神社新報社編『近代神社神道史』（神社新報社、一九七六年）を見てみましょう。「戦後の神社界が、神道指令に毒された日本人の精神気流を転回させるべく努めたその第一の運動は、伊勢の神宮に対する国の姿勢を正させる、いはゆる神宮制度是正の運動であった。伊勢の神宮（正式には「神宮」）は、いふまでもなく皇祖親授の御鏡を奉祀する天皇祭司の宮社であり、その皇室・国家との関係は、遠く古代から大東亜戦争の占領時代に至るまで二千年にわたって、いささかも変ることのなかったものである」。こういう考えです。「この大切な神宮が占領軍の政策によって、その皇室および国家との公的関係を断たれ、戦後は単に民間の一私法人として取扱はれるやうになった。それが神宮の本質を損ふものであることはいふまでもなく、占領が解除されたのち神宮の本質恢弘・真姿顕現の国民要望が出てきたのは当然のことであった。これがすなはち神宮制度是正の運動であり、それは結局、昭和三五年一〇月、当時の政府、池田首相の解答によって、その運動目標の精神的中心点――皇位と神宮との不可分の関係――を明確にさせる成果をかち得ることができた」。

この「皇位と神宮との不可分の関係」というのは、これは国会で「伊勢神宮の御鏡というのは国家にとって大切なものでしょうか」という質問をして、池田首相が「そうだ」と答えた。これをもって、伊勢神宮は国家的な意義があるものだというふうに首相が宣言したのだと神社本庁は取っています。神社本庁にとっては、国家神道が一部回復した証ということになるのですね。

「真姿顕現」というのは、二・二六事件の時に陸軍大臣が使った言葉です。「国体の真姿顕現」、それを願ってクーデターを起こした若手将校は敗れますが、しかしそれを支持する声はかなりある。それを慰めるために、「国体の真姿顕現」はこれからもやっていくと、そういうことです。その前に、「国体明徴運動」というのが一九三五（昭和一〇）年ごろにありました。その翌年に二・二六事件、そこで真姿顕現という言葉を使っています。このように神社本庁は戦前回帰的な路線を持っています。いちばん全体主義に向かう時期のイデオロギーを、そのまま継承するような言葉を掲げているのです。

戦後の国家神道と日本会議

少し時間が飛びまして、「日本会議」というのは、元になる団体が一九七〇年代からありますが、一九九〇年代に合体して日本会議となり、いつの間にか国会議員の四〇パーセント程度が日本会議議員連盟として所属するようになりました。神道政治連盟議員連盟というのもあり、そこもかなりの割合です。そして安倍政権になって数年は、多くの内閣でだいたい八割~九割の閣僚が日本会議や神道政治連盟に関わっていた。

ホームページを見ましょう。日本会議が目指しているのは「1　美しい伝統の国柄を明日の日本へ」。「美しい伝統の国柄」というのは、「国体」を言い換えたものでしょうね。さすがに国体という言葉は使えない、また使っても理解されないだろうということです。天皇を中心として、美しい和でまとまる国。したがって革命など一度も起こらない、王朝交代も起こらない。美しい和が「令和」になった。そういうことになるでしょう。「2　新しい時代にふさわしい新憲法を」「3　国の名誉と国民の命を守る政治を」「4　日本の感性をはぐくむ教育の創造を」。教育が強調されるのは、教育勅語があったのに、これが外されたために日本の精神文化は空白になった。だから教育勅語を取り返したい。教育勅語にあたるものを取り返すことが、目標になってくるわけです。「5　国の安全を高め世界への平和貢献を」は軍事です。比較的安心して聞けるのは「6　共生共栄の心でむすぶ世界との友好を」ですね。外交ということです。

「1　美しい伝統の国柄を明日の日本へ」にはこう書かれています。「皇室を敬愛する国民の心は、千古の昔から変わることはありません。この皇室と国民の強い絆は、幾多の歴史の試練を乗り越え、また豊かな日本文化を生み出してきました。多様な価値の共存を認め、人間と自然との共生を実現してきたわが民族は、一方で伝統文化を尊重しながら海外文明を積極的に吸収、同化して活力ある国を創造してきました。一二五代という悠久の歴史を重ねられる連綿とした皇室のご存在は、世界に類例をみないわが国の誇るべき宝というべきでしょう。私たち日本人は、皇室を中心に同じ民族としての一体感をいだき国づくりにいそしんできました。しかし、戦後のわが国では、こうした美しい伝統を軽視する風潮が長くつづいたため、特に若い世代になればなるほど、その価値が認識されなくなっています。私たちは、皇室を中心に、同じ歴史、文化、伝統を共有しているという歴史認識こそが、『同じ日本人だ』という同胞感を育み、社会の安定を導き、ひいては国の力を大きくする原動力になると信じています。国際化が進み、社会が大きく変動しようとも、常に揺るがぬ誇り高い伝統ある国がらを、明日の日本に伝えていきたいと思います。私たちはそんな願いをもって、皇室を敬愛するさまざまな国民運動や伝統文化を大切にする事業を全国で取り組んで参ります」（日本会議ホームページより）。神聖天皇崇敬を重んじる考え方がよく出ています。

国家神道の教義――教育勅語

戦前の神聖天皇崇敬は教育勅語というものが一つの柱だったので、国家神道の教義にあたるものは明確な文書としては存在しないようですが、軍人勅諭、教育勅語というものがあり、それらは、大多数の国民が接するものでした。軍人勅諭は男子だけ、教育勅語は全国民が学び、修身という科目で六年間学ぶものです。教育勅語の内容を中心に、道徳を構成したのが修身で、これが日本の教育なのだとしました。これを明治初期の文書では「治教」と言っています。政教分離だけれども祭政一致であり、祭政の祭は治教とも重なる。祭政教一致という言葉も用いられました。政教分離というのは当時のフランスを中心とした憲法体制に習ったもので、政教分離という建前で国家と宗教は分離しました。しかし、神社は宗教ではない、祭だとしました。一応、政教分離したかのような形をとっているけれども、実は祭政教一致という理念は一度も崩れていない。祭政教一致というのは、たまに出てくるのですが、その場合の教は儒教的な教で、これが教育勅語へと展開しています。宗教と治教とを分けて、治教の方が上なのだ、治教を形にしたものが教育勅語だということになります。

「朕惟フニ我カ皇祖皇宗國ヲ肇ムルコト宏遠ニ徳ヲ樹ツルコト深厚ナリ我カ臣民克ク忠ニ克ク孝ニ億兆心ヲ一ニシテ世々厥ノ美ヲ濟セル」。ここに「美しい国」というのが出てくるのです。「皇祖皇宗」というのは、神武天皇で止まらずに、瓊瓊杵命から皇祖神天照までいくのです。ですから、ここは最初から宗教的な文章です。

「我カ國體ノ精華ニシテ教育ノ淵源亦實ニ此ニ存ス爾臣民父母ニ孝ニ兄弟ニ友ニ夫婦相和シ朋友相信シ恭儉己レヲ持シ博愛衆ニ及ホシ學ヲ修メ業ヲ習ヒ以テ智能ヲ啓發シ徳器ヲ成就シ進テ公益ヲ廣メ世務ヲ開キ常ニ國憲ヲ重シ國法ニ遵ヒ」とあります。この最後のあたりはいいことが書いてあって、今の政府にこれを守ってもらいたいという感じなのですが、その後です。「一旦緩急アレハ義勇公ニ奉シ以テ天壌無窮ノ皇運ヲ扶翼スヘシ」と、命を投げ出しても皇運に尽くす、というのが出てくる。

　これはいろんな点で、国家神道的なものが入っている。みんな国民は天皇のもとで平等一体だと言っています。戦後、この文章を廃棄する作業は、なかなか進まなかった。GH

Ｑは、最初は、これをすぐにやめるべきだというアイデアでしたが、文部大臣はキリスト教徒が多かったのです。前田多門、田中耕太郎、安倍能成、東大総長の南原繁も教育勅語をある時期支持していますし、教育勅語をやめるならば別の勅語がいるんじゃないかと言ったりしました。

教育基本法があるのは世界でも珍しいのです。それだけ教育の中に、国民精神の統合があるという観念。これは儒教文明と大いに関わると思います。最後の占領時の文部大臣が天野貞祐。これはキリスト教徒というよりは、カント学者ですが、彼は、教育勅語廃止に積極的ではなく、教育勅語は重要なのだと言っています。文科省が常に教育勅語についてフラフラしている。むしろ支持するという官僚が出てくるというのは、戦後の出発点でそういう流れがあったことが背景にあります。

ＧＨＱは、最初は教育勅語をすぐにやめるべきだとしていましたが、前田多門など内村鑑三の弟子たちが支持するのを見て戸惑います。一九四八（昭和二三）年に参議院・衆議院で教育勅語をやめる採決がされますが、これは極東委員会の意志が反映していると言われます。極東委員会はアメリカだけでなく、中国、フィリピン、オーストラリア、イギリスといった、アメリカより日本に厳しかった国々の意志が反映しました。

結局、占領時代に戦前の日本のどこが問題だったかということを、自分たちでしっかりと反省できていないわけです。いまだにそうなのです。それで、いつの間にか戦前回帰になる。天皇の戦争責任などについてはいろいろと議論がありますが、どうして日本がそういった無謀な戦争をし、海外にあれほど暴圧的な姿勢をとり、国民に死を強いたのか。玉砕とか、戦陣訓とか、捕虜になってはいけない、ということが正当化される国にどうしてなったのか。そういうところは、神聖天皇崇敬と国家神道を見てみなければわからないと思います。

皇室祭祀システムの構築

日本書紀の「天壌無窮の神勅」では、「豊葦原の千五百秋の瑞穂の國は、是れ吾が子孫の王たるべき地也。宜しく爾皇孫《いましすめみま》、就《ゆ》きて治せ。行矣《さきくませ》、寶祚《あまつひつぎ》の隆《さか》えまさむこと、当に天壌《あめつち》と窮り無かるべし」とあります。これが明治維新以降、日本の国の柱にある、神聖な原理になっていると思います。これをいまだに支持している人たちが一定割合いて、明確にそれに対する批判が確立していない国だということが重要だと思います。

「神武創業」という言葉があります。神武天皇が日本の国家を始めた。明治維新の頃、神武天皇を知っている人は少なかったと思います。歴史の教科書に載り始めたのも明治中期になってから。しかし、一度神武天皇こそが日本史の始まりだということになると、大変な影響を持つようになるわけです。神武天皇は神的な過去を持っていて、神と人間の中間的存在です。それが天皇家に継がれていくので、天皇も神ということになる。祭政一致の布告というのがあって、これが根本です。

「五箇条の御誓文」というのは「万機公論に決すべし」というので民主的な印象を与えるのですが、これは御誓文です。何に誓うのか。神様に、天照大神にです。お祭りをしてから、御誓文が出されているわけです。明治憲法もそうです。最初に神祇官を作った。これも七世紀末に律令制度を入れた時に、太政官と並んで神祇官が作られたから。これは中国体制に習いながらも、日本独自の神聖皇帝というのを作った。中国の、天の命で治める皇帝に代わる儀礼を、もっとローカルな、特定地域の神と結びつけたのが日本の国家儀礼となります。そこに戻るのだ、ということです。

　神祇官というのは明治初期に作られて、その後なくなりました。その代わりに宮中三殿ができたわけです。つまり、皇居内に祭祀の中心を作った。神祇官は宮廷の外にあった。それを天皇親祭、天皇自身が親しく祭を行う。ですから、天皇の神聖性にいろんな制度を集約していくのが明治の体制です。キリスト教に対抗し、日本国民が一体となるために、天皇を神聖な存在として尊ぶ体制を作っていく。その中で祭政一致が行われてきたということです。

今、私たちが知っている祝祭日というのは、だいたい明治維新後に作られたもので、ほとんどすべて皇居で神道の祭りが行われている日です。春分の日と秋分の日は、戦前は皇霊祭。皇室の御霊、宮中三殿の賢所の左側が皇霊殿。ここのお祭りが行われているのが春分の日と秋分の日。もちろん一一月三日は明治時代は天長節で、昭和前期は明治節、つまり明治天皇を敬う日となりました。ですので、今、五月四日はみどりの日、四月二九日が昭和の日ですか。こそこそと、天皇の日に変えていくわけですね。文化の日、一一月三日。文化勲章は天皇からいただくのです。あれもまた明治の日にしよう、というのが右派自民党員の考えです。また、明治維新後、はじめて元始祭というのを造った、紀元節というのも。神武天皇の墓というのも明治維新前後に決めたということです。元始祭というのは瓊々杵命の天孫降臨を祝う。今もやっています。こういうことが問い直されていないのです。

国家神道の定着

結局、国家神道と神聖天皇崇敬というのは、幕末明治初期に作られ始めたわけで、なかなか定着しなかった。最初はいろいろ模索して、仏教などの宗教団体に協力させようとした。ところが、なかなかうまくいかないのです。そこで、学校をルートにしたというのが大きな転機でした。教育勅語ができ多くの国民に広められていく。これは明治天皇自身の意思もあったし、側近、元田永孚とかの意思もあった。一旦、教育勅語ができると、国民全体がこれを身につけて育つようになる。一八九〇（明治二三）年から一〇年、二〇年経てば、これが国民共通信念になるのは当たり前と言えば当たり前です。

その前に、明治一五年には軍人勅諭ができ、兵士は天皇の手足である、天皇は頭である、一体なのだという呼びかけが入っている。勅諭・勅語というのは天皇自身の神聖な呼びかけの言葉です。ですから、それによって心を鷲掴みにする働きが教育勅語の中にある。

それがさらに国民に身についていくのは戦争です。明治維新以降、戦争を繰り返していきます。特に日露戦争が大きかった。そして、日露戦争から明治天皇の死に至る時期に国家神道が多くの国民に血肉化され、神聖天皇のために死ぬという思想が深く浸透していく。この時期に出口王仁三郎は、天皇など一つも出てこない出口なおの思想に深く共鳴して、大本のリーダーになりましたが、皇典講究所の京都分所に入って皇道を身につけます。これ以降、しばしば皇道大本と名乗るようになる。この変化は一九〇〇年代です。

ほぼ同じ時期に、田中智学は天皇にさほど大きな場所はない日蓮宗の運動家だったのに、国体論を出す。最初は神武天皇の日本書紀の言葉を使って、合理的に国体論を説明しようとしていましたが、次第に、天皇神聖論に向かっていくようになります。出口王仁三郎の大本と田中智学の日蓮主義の運動は、民間の神聖天皇運動の中で大きな役割を演じました。「大正維新」というのは、大本が唱えたもので、「昭和維新」の前提にもなる。多くの軍人や若者が、日蓮主義や大本に影響を受け、石原莞爾や西田税という二・二六事件のリーダーも影響を受ける。北一輝は、その流れの中で、本当はそれほど天皇を尊敬してはいないけれども、天皇を使った変革へ向かっていくことになります。

乃木希典と神聖天皇崇敬

そういう流れを加速させたのが、乃木希典です。それまでの天皇崇敬のモデルは、楠木正成だったわけです。だから今でも東京駅から皇居へ向かっていくと、楠木正成像がある。ところが、日露戦争の旅順要塞攻略作戦で乃木大将は非常に苦労しました。多くの将兵、九万人くらいが日露戦争で死んだ中で、二万人くらいが旅順で亡くなっています。しかも何ヶ月もかかった。司馬遼太郎の書いたもの（『殉死』など）を見ると、いかに乃木将軍が凡庸な軍人だったか書いてあるのですが、世論は圧倒的に乃木に同情的でした。

その一つの理由は、乃木の子供は二人しかいなかったけれども、その二人が旅順要塞攻略作戦で死んでいる。そして、日露戦争後の乃木の明治天皇への復命書というのがあるわけです。「右の旅順城攻略に多大の犠牲を供したという字句にいたるや、熱涙双頬に流れ痛恨の状きわまるところをしらなかった。そして復命を終ってから『ひとえにこれ微臣が不敏の罪、仰ぎ願わくは臣に死を賜へ、割腹して罪を謝し奉りたい』と言上して平伏した。天皇はしばらく言葉もなかったが、やがて悄然として退出しようとする乃木を呼びとめられて、『今は死ぬべきときではない。卿もし死を願うならば、われの世を去りてのちにせよ』といわれたという。この日、第三軍と乃木軍司令官に、『卿の勲績と将卒の忠勇を嘉尚す』という意味の勅語をたまわった」（松下芳男『乃木希典』一九六〇年、一八七〜一八八頁）。

この言葉に沿って、乃木は学習院の院長になった。つまり、子供が亡くなったのだから、代わりにこの子供達の面倒を見る地位を与える、ということだったのですね。乃木の遺言状には、このことよりも、西南戦争の時に軍旗を失ったということが強調されています。これについてもいろんな議論があって、乃木を批判する人たちは、このあたりが乃木が体面にこだわる人間であったことの証明のように言います。

一九一二（明治四五）年七月三〇日に明治天皇は亡くなって、九月一三日の葬式の日の朝に、記念写真を撮って、その日のうちに静子夫人とともに殉死したということですね。これを受けて、夏目漱石は『こころ』を書き、森鷗外は『阿部一族』など、死を覚悟した武士の心情を描くものを書いた。乃木のお葬式も大変な賑わいになりました。山室建徳という人がいて、『軍神』（中央公論社、二〇〇七年）という本があります。最初は殉死に対して批判的な論調があったのですが、すぐに賞賛一辺倒になります。

「輿論は圧倒的に乃木に同情的であり、そのために一部にあった批判は影を潜めてしまった。（中略）同情的な記事が連日大々的に紙面を埋め尽くしたのは、読者の期待に応えようとしたためである。インテリの一部を中心に反発する向きがあったにしても、期せずして乃木の死に共感する声が日本全体を包み込んだのである。乃木希典と婦人の自決という予想外のできごとに対して、日本社会から湧き上がってきたのは、夫妻に対する深い同情と尊敬の念であった」。

これも山室さんの本に引かれていますが、九月一五日の大阪毎日新聞では「九月一四日の朝、通勤客で賑わう京阪電車に『乃木大将夫妻殉死』の号外が投げ込まれたとき、『社内は異様な雰囲気に包まれた』と伝えた。『エヽ乃木大将が自殺した』『自殺やない、殉死やア』『乃木大将殉死？‥自殺？‥エッ奥様もか？‥』百余名の乗客は異口同音に乃木大将々々と呼んで茫然たる許り、大将が平常の気質から二子を旅順に失ひ一滴の涙をさへ流さなかつた古武士の面影などが次ぎ〳〵に語出される内、一人の老婆は『乃木大将が死にハッたか』と胸轟かしたる様子にて、声高く読経を始め前後を打忘れたる有様に、乗客何れも異様の感に打たれて大将最期の光景までまざ〳〵と眼の前に見る心地してひた泣きに泣く、分けて同情の軍人は突然車中に起立して不動の姿勢を取り涙を浮べて東に向ひ脱帽した。惨たる其の態度、人々は亦打ち泣くのみ、噫」とあります。これはかなり煽っておりますね、この記事は。読んだ人は涙するという記事だったと思います。

長谷川正道の『敬仰乃木将軍』（一九四二年）が描く葬式の様子では、「青山斎場に至る間の両側は人垣を以て埋め、前方の数列は土下座し十重二十重に群衆は無慮二十万、洵に前代未聞の光景であった。やがて進み来る将軍の霊柩を拝した群衆は敬虔なる態度を以て迎え厳粛なる気持に粛々として声なく、霊柩を見送る眼には、奇（希）代の忠臣のその遺骸に対し最後の別れを致さんとする姿が反映して居り、筆者の胸を打つた最も尊き感激であつた。然るに次いで来れる夫人の柩、その間三十歩、その柩を見た瞬間に群衆の態姿は一変し敬慕、愛情、悉くが涙であつた」とあります。

これは七月二〇日頃に、明治天皇が病気だという報道があり、人々が二重橋前に押し寄せて、祈り叫ぶ、この辺から始まって、この半年間は熱狂に包まれたということです（平山昇『初詣の社会史』東京大学出版会、二〇一五年。拙著『明治大帝の誕生』春秋社、二〇一九年）。

天皇カルト

一九一二年、同じこの年にチェンバレンという人は、「日本の新宗教の創設」という文章を書き、天皇教のようなものがこの時に生まれたと言っています。ちょうどこの時は、エミル・デュルケムが『宗教生活の原初形態』という本を書いて集合的沸騰ということを言っています。宗教というのは、みんなが気持ちを一つにして、異常精神状態になるところが宗教の元だ、というのを絵に描いたような日本だったということになります。

中内敏夫先生の『軍国美談と教科書』（岩波書店、一九八八年）という本を見ると、乃木は国定教科書の最頻繁登場者です。「皇室、軍、ムラ共同体——近代日本を支えていたこの三大支柱を一身に体現していたのが乃木希典である。これがかれのつよみ——国定教材の素材としての適切さの源泉である」（四三頁）。軍人の職務のないとき乃木は、那須で農業をする、質素な生活をする。漢詩が上手で、坐禅をしたり。長州閥出身で吉田松陰を尊敬していて、血のつながりもあるわけです。そういう姿に非常に軍国美談というのが集中していくことになります。一番よく出てくるのは、「水師営の会見」というロシア軍のステッセル将軍とまみえた場面ですが、中内先生は「天皇のためにわが身を捧げる軍人や将兵が理想的人格として讃えられる際、圧倒的に強力なモデルとなった」としています。

　ちょうどこの時期にジャーナリストになったのが石橋湛山です。日蓮宗の寺に育ちますが東洋経済新報に入り、記事を書き始めた時期です。この時期に、集団的熱狂を非常に危ういものとして見ていたのですね。そして、明治神宮の創設というものを、明治天皇が亡くなった七月三〇日のすぐ後に、渋沢栄一とか阪谷芳郎東京市長が唱えます。明治天皇は、墓は京都だと本人が言っていますから、東京に何もなくなるのかと。それなら明治神宮を、となった。それまで東京には国家神道の神社施設は乏しかったわけです。巨大なものがここにできた。帝都の国家神道化と私は呼んでいます（前掲『明治大帝の誕生――帝都の国家神道化』）。空間的に帝都・東京が、国家神道化していく。

　明治神宮ができるまでに八年ほどかかりますが、その五年後に朝鮮神宮ができます。その祭神は天照大神と明治天皇です。それくらい、明治天皇は死んですぐ神になって、神社に祀られる存在になり、植民地にも君臨する神的存在になったということです。こういう状況を苦々しく見ていたのが石橋湛山です。どうして彼のこのような目が養われたか。八月ごろの評論です。「何ぞ世界人心の奥底に明治神宮を建てざる」。決して明治天皇崇敬を否定しているわけではないのですが、神社を建てることに批判的です。

「或る一部から多大の希望を嘱せられて東京市長の椅子を占めた阪谷芳郎は、その就任最初の第一の事業として、日枝神社への御詣りをした。それから第二の事業として明治神宮の建設に奔走しておる。そうしてその第一の事業もなかなか世間の賞賛を博したが、第二の事業はまた素晴らしい勢いで、今や殆ど東京全市の政治家、実業家、学者、官吏、それからモッブの翼賛する処となっておるようである」(『石橋湛山全集』第一巻、一九七一年、二三二〜二三三頁)。モッブという言葉があります。モッブとは暴徒ですよね。天皇崇敬をする人たちを暴徒といった。

「牛込の榎町には、愛国者の為めに云々の文字を看板に掲げて喪章を売っておる店がある」。これは明治天皇の死の前に、孝明天皇の皇后の葬式があった。その頃から国民はみんな喪章をつけるということになってきたのです。「また先頃、日本橋本石町通りには『足下は何故に哀悼の意を表する喪章を佩用せざるか、御大恩を忘却したるか、咄(やあ)此の人非人奴』と認めた紙片を、通行人中の喪章を付せざる男女に予め突きつけ置き、その後から喪章を強売して歩いた数人の書生風をした商人もあったそうである。困ったものである。しかし考えて見れば、これは必ずしも彼れ等ばかりではない。堂々たる政治家、堂々たる官吏、堂々たる学者、堂々たる実業家、堂々たる教育家、堂々たる軍人にして、またこれに類したことをしておるものがある。否、斯ういう質のことをする政治家、官吏、学者、実業家、教育家、軍人でなければ『堂々たる』能わない日本である。唯だかの商人とこの堂々たる紳士との違う処は、彼れの機関なく、金なく、知恵なく、自動車なきに反して、これが堂々たる国家の機関を利用し、国費を費し、洋行をし、洋服を着、自動車を走らし、或は刀をつるしておる事である。かの商人の為せる処を、困ったものだと見、苦が苦がしいと感じ、佞気を帯びていると思うものは、宜しくその同じ眼を転じて、我が社会の真相を見よ」（同、二三四～二三五頁）。

　本当にこれは鋭いですね。まさに忖度する社会のようなことに、根本からおかしいと言っていた。これは仏教の力でしょう。日蓮信仰の中にある何かが、それを支えていたのかもしれない。彼は学生時代に宗教に関するものも書いていたけれども、その後には宗教については書いていません。けれども、どこかにそういう視点があったのではないか。この石橋湛山が戦後に首相になっていますね。石橋湛山が総裁になり、首相になる自民党だったのです、夢のようですね。自民党の中には、そういう政治家もいたのですね。

国家神道の「見えない化」

第四番目の話題として、ごく最近の「国家神道の見えない化」という話をしたいと思います。こういう場合に、日本の国を大きく方向づけ、人々の心に深く入り込み、天皇のために命を投げ出すのは当然、それに逆らうことはできない、という国にしていったのが国家神道であり、国家神道と結びついた神聖天皇崇敬であった。そこにもちろん、国体論、神権的国体論と憲法学者は言いますが、国体論というのもある。これが近代日本の大きな精神的推進力であったということを否定するのは、どういうことかと思いますが、それが今の大きな流行になっているとも思います。

この路線には、非常に優れたイデオローグに葦津珍彦という人がいます。その一番弟子のような人に阪本是丸という人がいまして、私も非常に親しい優れた学者です。現在の國學院を中心とした神道界の研究者は、だいたい阪本是丸門下です。「見えない化」というのは、今、「見える化」という言葉があるので出した言葉です。「隠蔽」というと強すぎるので、見えないようにする、という意味で「見えない化」としました。

その葦津の本に、神社新報社刊の『天皇　昭和から平成へ』（一九八九年）という、昭和から平成への代替わりの時に出た本があります。ちなみに神社新報というのは、ホームページには「神社界唯一の新聞社として、日本民族の声を代表する週刊新聞を発行し、数々の神道関係優良図書を送り出す」とあります。いまだに歴史的仮名遣いを用いています。神社新報は宗教教団として新たな出発を始めた神社本庁の機関紙であることが明示されています。

その本の目次を見ると、第一章「現代世界の国家構造解説―天皇国日本」、第二章「天皇の祭りと統治の関係」、第三章「神聖をもとめる心―祭祀の統治への影響」、第四章「『対話』皇室文明史」、第五章「祭りと祭り主」、第六章「皇祖天照大御神―神道論私説」、第七章「世界を瑞穂の国へ」、第八章「戦争責任論の迷妄」、第九章「昭和から平成へ」、第十章「日本の君主制」とあります。

葦津珍彦は神社本庁設立からのリーダーで、父親も有力な人ですが、ずっと思想・言説で引っ張ってきて、この代替わりの時にかなり明確にビジョンを出した。それがこの本だと言えると思います。私の理解では、平成の時代は冷戦後の時代ですが、「文明の衝突」なんていう言葉も広められ、それぞれの国家や民族、宗教、それぞれの特殊アイデンティティーが強調されるようになった時代でした。それまでの東西冷戦の自由か平等か、というイデオロギー優位の時代に対して、民族と宗教のようなものが強調されるようになった。

この時代の始まりに際して、それを見抜いたかのように日本の国家神道的アイデンティティーを強調した本を書いていたということになります。

要となる言葉の一つが「神聖」です。第三章「神聖を求める心―祭祀の統治への影響」では、冒頭に、日本国憲法が国家の神聖性を否定していることを否定的な事柄として取り上げています。「日本のいまの憲法は、有名な戦争放棄の条文ばかりでなく、世界の憲法にまったく例のない特殊な法思想の上に立ってゐる条文が多い。祖国への神聖感、忠誠をまったく否定してゐるのも、そのいちじるしい例である」（『天皇　昭和から平成へ』四七頁）。

このあたりは、世界の国が神聖王権から世俗王権へ流れていく時代――フランス革命以後と言っていいかもしれませんが――その時代に日本は明治維新をやり、神聖王権国家建設へ向かった。こういう大きなヨーロッパの神聖王権の歴史と、日本のその歴史というのは大いに違う。それを見えなくしていると思います。

「忠誠を否定し、祖国の神聖感を否定している。それでこの憲法は、真に自由で文明なのだといふのが、護憲論者の説である。はたして、忠誠とか神聖とかいふのは否定さるべきことなのだらうか。帝国憲法では『天皇の神聖』といふ語があった。これを大変に旧時代的な異例のもののやうに評する者があるが、無知もはなはだしい。民主的な王制のデンマークでも、スウェーデンでも、ノルウェーでも、その憲法では、国王の神聖は明記されてゐる。国の元首の神聖を憲法で明記するのが一般の通例なので、いまの日本国憲法のやうに、国の象徴たる天皇の神聖をことさらに明記しないのが異例変則なのである」（四八頁）。

政教分離の議論はフランスやアメリカをモデルにして進んでおりますが、ドイツでは長らく教会税を取っているし、学校でキリスト教教育を行っていました。イタリアが国教制でなくなったのは比較的最近ですし、ノルウェーはもっと新しいですね。ですからヨーロッパの国々が国教制度を維持して、キリスト教国家というのをある程度維持していた歴史があります。それが世俗化へ流れている。その古い時代の要素を保存している憲法が正当なのだ、日本の憲法はその要素がない。そういう議論になっています。

私の認識は全く違います。日本国憲法のもとで、象徴天皇はかなりの程度、神聖性を保持してきていて、これはヨーロッパの王権とは相当違う。イギリスの女王が国教会の首長だと言いますが、その神聖性は天皇と比べものにならないくらい小さいと思います。そういうところを上手くごまかしています。

「英国や北欧諸国の国王は、キリスト教のプロテスタントの防衛者としての任務をもっている。だが日本の天皇は、一教会の信仰防衛者といふやうなものではなくして、皇祖神に対する祭り主なのである。そこには、自らに異なるところがある。ここでは、主として日本天皇の神聖感について語り、天皇の神聖といふことが、日本人にとって、いかなる意味を有するかといふことの一端を、解明したいと思ふ。いまの日本人は、神聖などといへば、通常の人間心理とは、ほど遠い非常識な不自然のことのやうに思ふ者があるらしいが、それは誤りである」（四九頁）。

私が「神聖天皇崇敬」という言葉を使っているのは、私の論敵である葦津路線の神道学者たち、右派の人たちも否定できない、彼らも神聖天皇と言っているから。神聖天皇を崇敬するのが日本だと。戦前はそれが当然だったのだ。そういうこともあります。

「人間は、だれでもが神聖なるものを求めてゐる。高貴なるものを求めてゐる。それは、人間が、自らが神聖でなく、崇高でなく、心中にいつも罪とけがれのさけがたい存在であることを深く知っているからである」（四九頁）。

こういうところは、宗教について、的をついた議論のできる人です。文章も上手いし、精神文化の重要性をよく理解している。その上で、日本は国家神道でいくのだということになるわけです。

「日本では、遠く悠久の古代から祓ひが行はれ、祭りが行はれて、民族の中にこの『神聖を求める心』が保たれてきた。村々では、人々の罪けがれを祓ひ浄めて、人々が神々の恵みのもとに仕事にはげみ、豊かな経済をいとなみ、穏やかで安らかな共同社会が保たれることが祈られた。それは村ばかりでなく地方の国々においても行はれたし、そのすべてを統合しては、天下の祭りとして行はれた。ここで天下といったのは、近江とか摂津・河内などといふ一国ではなく、日本国土すべてといふ程の意味であって、その祭り主こそが天皇である」（五〇頁）。

このように葦津は天皇の神聖という教説を述べています。京大名誉教授の佐藤幸治さん、憲法学者です。自民党が国会に呼んで、集団的自衛権を肯定してもらおうと思った時に、断った人です。そのあと長谷部恭男先生という東大の憲法学者を呼んだところ、集団的自衛権は憲法に違反するということになり、国会に呼ばれた三人の憲法学者がみな違憲だという意見を述べたのが二〇一五年でした。

その時に佐藤幸治さんが出した本が『立憲主義について』（左右社、二〇一五年）。どちらかというと右派に近い憲法学者なのですが、その人も神権的国体論こそが戦前の問題だったと言っています。この中で統帥権の問題があります。これは省きますが、祭りこそが天皇の第一の任務。これが平成の間に広がりまして、小林よしのりとか、中西輝政とか、かなり広い範囲の人が、これこそ日本の国の中心なのだと、人々のために祈ってくださる天皇というものを、肯定的に語るようになってきました。明仁天皇・美智子皇后の姿勢に共鳴する人たちも、そのような言説を持つようになってきたのですね。

「皇祖の神宮は、伊勢に鎮まりますが、皇祖からお授かりになった三種の神器の中で、御鏡は内侍所にあり、剣璽は常にお近くの剣璽の間にあり、天皇は常に神器と共に進退される」（五一頁）。剣璽御動座と言って、伊勢神宮にお参りしたりするときには、剣璽をいつも持っていくのです。

「皇居の外に御出ましになる時には、必ず剣璽を捧持した侍従が御供をする。それが萬世一系の不動の御おきてであった。日常、片時といへども、神明への祭りといふことから、御心を遠ざけることがない」（五一頁）。歴史的には、仏教の仏様にもお祈りしていたと思うのですが、そのあたりは省かれている。「見えない化」されています。

ここには、神聖天皇をめぐる歴史像が描き出されていて、まず神聖な天皇の祭りが神聖を求める国民全体の心を統合するという体制が古代から一貫して続いてきたとされます。けれど、これは歴史に合いません。この歴史像は明治維新のときに作られたものです。その原形は天武・持統朝、七〜八世紀にできたのですが、その後の歴史の中では、日本社会では大きな役割は果たしていなかった。それが江戸時代に中国の中央集権国家の影響を受けて、続いて西洋諸国の圧力とキリスト教に対抗する中で、新しい形をとったのが近代の国家神道なのですが、ずっと歴史が変わらずそうだったかのように語っているわけです。

そしてそれが戦前の体制にも引き継がれたこと、また、第二次世界大戦後の占領と日本国憲法によって深く傷つけられ、後景に沈んでしまっているということも述べられています。こうした歴史像は、日本の宗教史、思想史、政治史、憲法史が明らかにしてきた歴史像と異なるところが多く、神社本庁のように神権的国体論を是とし、全国民に神聖天皇崇敬がゆきわたることを目指す宗教＝政治的立場からの歴史像であるのです。

ここで「見えない化」されているものがあります。それは近代日本の神聖天皇の歴史、神聖天皇の崇敬であり、それが日本社会にもたらした大きな影響の諸側面です。このような「神聖天皇」の近代史については、第二次世界大戦後、「国家神道」の問題として論じられてきたわけです。国家神道や国体論や天皇崇敬については、歴史学だけではなく、社会学、政治学、憲法学、宗教学、教育学など多くの分野で成果が積み上げられてきました。ですが、そうした歴史像はすべて占領軍の方向づけに従った誤った歴史観に基づくものとされてしまうのです。

「狭義の国家神道」と「広義の国家神道」

葦津は、この『天皇』という本を書いて数年後に、『国家神道とは何だったのか』（神社新報社、一九八七年、新版二〇〇六年）という本を書いています。葦津の神聖天皇論で「見えない化」されているのは、戦後の宗教＝政治論の文脈でいうと、国家神道の歴史の問題です。実は葦津はそのことは百も承知で、昭和から平成への時代転換を見越して、国家神道論についても布石を打っていました。

この本の元は一九八七年に出ていますから、むしろ平成の代替わり前です。この書物の主要な論点は、七〇年代、八〇年代に影響が大きかった村上重良やそれと同一歩調をとる憲法学者の国家神道論を批判し、全く異なる国家神道の歴史像を提起することにあります。この路線はＧＨＱが指示した「神道指令」による神社神道の民間宗教団体としての位置づけに対抗し、皇室と神社神道の一体性を回復しようとする政治的意思にのっとったものです。

葦津の本の「序『国家神道とは何だったのか』の発行に至る事情」によって見ていきます。「この神道指令は、不法にして不当なものだったし、神道的日本人の側からは、はやくから反論や批判も出たが、一つの大きな欠陥があった。その反論は、絶対無条件権力を確保する占領軍の現実具体的な行政にたいする当面の事例を是正する目的をもった断片的な理論のみが多くて、かれらの称する『国家神道』なるものの全実像についての体系的反論解明が、十分に展開されたとは云いがたい」（『国家神道とは何だったのか』新版、八頁）。

『国家神道』（岩波書店、一九七〇年）の著者である村上重良が定義している国家神道を根本からくつがえして、実は神社神道に過ぎないという理論を作るというのが、この本の意図です。日本国憲法の政教分離規定の基盤を掘り崩し、神道指令以前へ戻すことも目指されています。国家神道論の歴史像を批判し、国家神道はさほどの地位や力はなかったとするために、葦津は戦略的に「国家神道」の定義の問題を用いています。

「近代の神道史を錯誤、誤認している米人やその御用文化言論人は、国家神道をもって、明治日本の政府権力者と熱烈な神道家とが相共謀して築き上げたものであるかのような虚像のイメージを拡散して俗説を通用させている。しかしその俗説は、指令の発せられた後に、その指令の正当性を合理化する理論を立てるために好都合な公私の資料のみを、ほしいままに採集し、その史論には適しない資料は、片はし棄てるか見て見ぬふりをして構成している。それは権力誤用者の歴史編纂には常のことである。しかしそれとは異なり本書は、神道人としての立場に立つが、あくまで実証史実を重んじている」（一〇頁）。

実証史学、歴史資料に基づいて論ずるということですが、狭義の国家神道、つまり国家神道は神社神道であるとして、天皇の祭祀を完全に横に置いて無視するというか、触れない。一方で、日本の国は天皇と伊勢神宮が一体である、これこそが日本の本質だと主張しながら、神道の話をするときには、天皇を完全に除外するわけです。

これが狭い国家神道。これを使って阪本是丸一門は、つまり国家の機関となった神社こそ、国家神道だという議論をするわけです。ですから、神聖天皇崇敬に関わるような国家神道の側面というのを、非常に切り詰めて小さくしてしまう。この路線で、たくさんの本や論文が書かれました。その間に、村上重良は亡くなり、それを継ぐ議論が出されない。憲法学者も有効な議論をしない。そういう中で二一世紀が来ました。その状況に私は気づき、村上重良の理論をアップデートしなくてはいけないということで、広い国家神道、天皇崇敬と神社神道とを合わせて考える。さらにそこに国体論がある。「天壌無窮の神勅」というものが基本にあるような神道、それを見なくてはいけないという議論をしてきました。

ところが、その間に葦津流の議論がかなり成功しています。それをよく示すのが、たとえば、山口輝臣という駒場の東京大学教養学部の日本史の教授。彼は『戦後史のなかの「国家神道」』（山川出版社、二〇一八年）という本を編集して、村上重良と島薗をやり玉に挙げています。「広い国家神道」というのは、実証史学にありませんと。そういう議論は戦後の歴史の中で、左派が政治的主張をするために作ったのだ、という議論をしています。この本の中には、阪本一門を中心とした「狭い国家神道」の用法の議論はほとんど出てこない。あるいはそちらに引っ張られてしまった歴史学者、東大、京大系の歴史学者も相当ひっぱられた、そういう議論についても、ほとんど触れていない。もっぱら島薗と村上、そして憲法学者の宮沢俊義らを批判するために、これを作ったと思います。実証史学ですが、イデオロギー批判のような本です。それを知の冒険だというようなことを言っていますが、はたしてどうでしょうか。

　山口輝臣のように「国家神道」という概念が使えないとするのは、精神史や社会史を捉えるときのある種の方法論にそったものです。それは葦津珍彦が論争的な姿勢で掲げたもので、実証性を強調しているが、他方、「国家神道」の「神聖天皇崇敬」に通じる面を「見えない化」する戦略と見ることができます。

　山口の場合、実証史学の観点から「広義の国家神道」が、山口が見てきたような資料には余り見当たらないということが、その主張を支える主要な論点になっています。しかし、実は、広義の国家神道に対応するような用語はきわめて頻繁に用いられているわけです。祭政一致、祭政教一致、神武創業、皇道、大教、そして国体などなど。これらの理念が社会制度に埋め込まれ、一方では指導的な思想や理念として人々に説かれ、他方で人々の行動様式、思考様式に入り込んで大きな社会的力となっていく。このような観念と実践の社会的構成体を適切に分析し、その働きを明らかにしていくには、宗教学、民俗学、社会史、文化史などが培ってきた方法を省みる必要があります。

政治史中心の歴史学とは違う方法が必要なのだ、ということです。フランスでいうとアナール学派などが、そういう人々の社会生活様式、思考様式を明らかにするというのは、いろんな資料を用いて、どういう変化があったのかを明らかにしました。宗教研究をしていくと、まさにそれをせざるをえないわけです。私はそれをやってきました。

例えば宗教団体の中に現れた人々の思想、歴史を調べていく。あらゆる資料を利用して、このような意識の変化があるなと。国家神道というのも、ある意味の新宗教なのですよね、近代に作られた。その方式で研究していくと、神聖天皇崇敬と一体の国家神道というのは、いかに強力に展開したかが見えてくる。

そういう方法論ですが、実証史学は基本的に行政文書や政治に関与した人々の書き残したものを重んじるのです。そこで国家神道がこういう意味で使われている、つまり「国家の基盤となった神社という意味で使われています」、というのが彼らの根拠です。しかし、それは日本社会の精神文化の歴史を考える上では、とても弱いものです。見えない化し、沈黙し、隠すことになっていると思えます。

私は、葦津珍彦の戦略が一定程度、成功したのだと思います。ただ、たとえば藤田大誠という、阪本門下で一番精力的に仕事をしている人ですが、彼は戦後の「国家神道」は、戦前にもかなり使われていたということを明らかにする文章を書いています。ただし「国家神道」という言葉よりも、「神道」という言葉を使っていたことを明らかにしています。いずれにしろ、村上重良や宮沢俊義などの憲法学者が戦後に作り上げたのが国家神道だという論拠は、ますます藤田氏の論文では掘り崩されている、というのが私の理解です。当然なんです。その理念で近代日本国家を作ってきたのですから。

ですから神道というけれども、皇學館大学であり、皇典講究所のちの國學院であり、天皇崇敬を中心とした神道の組織化ということがあった。天皇崇敬の方は、神社ではなくて学校や軍隊でこそ身についた面もある。そういうもの全体を見ていかなくては、日本近代の精神史はわからないということです。

第五講　天皇制から読み取る日本人の精神のかたち

大澤真幸

目次

万世一系という謎

用意した話はたくさんあります。最後には天皇制の将来について、かなり具体的な提案をしてみたいと思っています。

その前に、いろんな話をしたいと思います。まず、日本人にとって天皇制とは何か。歴史的な話に時間をかけ、天皇制の特徴から、日本人の精神のかたち、心のありようについて、基本的な構造、母型《マトリックス》を抽出できるという話を挟みつつ、過去、現在、未来について話したいと思います。

まず私たちが理解しなくてはいけないことは、天皇制は世界中にある君主制や王権の一つのように見えますが、非常に特殊で、ある意味不思議なものだということです。どこが不思議なか。まず、万世一系と明治憲法にあるように、——本当に万世一系がどうかは措くとして、非常に長続きしているところ。今でも残っている王権でこれほど長続きしているものはありません。

なぜこれほど長続きしているのか。これは難しい問題を含んでいます。ヘーゲルの『歴史哲学講義』に出てくる格言めいた言葉に「エジプト人についての謎は、エジプト人にとっても謎である」というものがあります。同様に、日本人の天皇制についての謎は、日本人にとってもよくわからないのですね。
まず、なぜ長続きするのが不思議か。普通に考えたら、日本人は非常に血縁を重視するからではないか、と思いたくなるでしょう。今でも男系天皇とかいって、気にします。血縁の持続性に対する執着があるのではないか。しかし、明らかにそうではありません。逆に、日本人は血縁に関して、ことのほか無頓着であると考えた方がいいと思います。

その簡単な証拠は源氏物語です。そこでは、本当の天皇の子ではない、不倫によって生まれた子が、天皇になったという話が中核にあります。不倫の相手は光源氏です。とんでもないスキャンダルですが、これを「いい話」として日本人は喜んで読んだ。このことを考えると、日本人は正しい血統かどうかなど気にしていないのです。

気にしているところというと、例えば中国です。父系の皇帝の息子が次の皇帝になりますが、ここには大変な配慮があります。ご存知の方も多いでしょうが、中国史を勉強すると、宦官が非常に力を発揮している。官僚が権力を持つのはよくわかります。正式な試験によって、特殊な能力が証明された人たちですね。ですから、中国史の中では官僚の力は強い。

ですが一方、インフォーマルなパワーとして、宦官という去勢された男子がすごい力を発揮して、官僚との二大勢力になります。なぜそれほど強くなるかというと、宦官は大奥に当たる場所で、皇帝の奥さんたちの世話をしています。どうして去勢するかというと、不倫すると困るからです。女性だけでなく、皇帝の子供も宦官の世話になる。ですから、子供の時に世話になった宦官と皇帝の気脈が通じて、宦官がインフォーマルなパワーを持つことがあるのです。

　中国は宦官というものを作り、皇帝の父系に絶対に不純な血が混じらないようにという、強烈な執着がある。それを思うと、日本の天皇制は血縁の純粋性に配慮していません。では、なぜ天皇制がこれほど長続きしたか不思議になります。

　ずっと天皇が続くことで、何か大事なものが継続していると考えられるか。それも違うと思います。例えば私が好きな本で、ヨーロッパの王権について研究した本があります。ポーランド出身の歴史学者エルンスト・カントーロヴィチ（Ernst Kantorowicz）という人が書いた『王の二つの身体（*The King's Two Bodies*）』――これはヨーロッパの中世から絶対王政までの王権が、どのように正統化されているかについての研究です。最終的に完成したイギリス、フランスの王権については特に詳しく書かれているのですが、王の身体にはナチュラルボディー（自然的身体）とポリティカルボディー（政治的身体）があるという、政治的な意味をもつ一種の「神学」によって王権の正統性が与えられるのです。ナチュラルボディーは普通の身体、それとは独立のポリティカルボディーがあり、その二つのボディーが、王の中で統合されている。カントーロヴィチはこのような考えが、キリスト教神学からの転換を通じて確立してきた経緯を、慎重に記述しています。

王の中にあるポリティカルボディーが神聖で重要なもので、それが継続しているということになっています。ある王が君臨しているとき、その王とともにポリティカルボディーが存在しているのか、そのことを証明するのに異様な知的かつ政治的努力が払われています。例えば皆さんがよくご存じのシェイクスピアには、「王」の話が多いわけですが、これらの戯曲は『王の二つの身体』の解題のようなところがあります。要は「王権を通じて価値あるものが継続している」という観念がヨーロッパの王権にはある。中国もそうです。中国では、天命の継続性ですね。皇帝になれる人は天命が継続しているわけです。

日本の場合、それに匹敵する神聖なものが、天皇を通じて継続していると思われているがゆえに万世一系か、というと、どうでしょうか。到底そこまでの信仰・信念が天皇制の中核にあるとは思えません。強いて言えば、明治憲法に「天壌無窮」とありますから、天照大御神以来の特別な何かが通じているということに建前上はなるでしょうが、中世以降は、天皇のことを本当に天照大御神の子孫だと文字通り信じている人などいないわけです。問われれば、仕方がないから、そう答えるでしょうが、ヨーロッパの王権が王の自然的身体のほかに、政治的身体があるのだということを、宗教の教義に匹敵するような非常な複雑さで証明するような意味での信念は全くないですね。

日本の天皇は長続きしていますが、それを通じて何が守られているのか、定かではない。いや何も守っていないように見えるのですね。

中華帝国と比べて日本の特徴が顕著だと思うのは、歴史に対する感覚の違いです。はっきり言って、日本人は中国人に比べて歴史に興味がない。中国は各王朝が正史を編みます。歴史に対して異様な興味があり、歴史に名を刻むことが中国人にとっては非常に重要な意味を持ちます。日本もある時期、中国の真似をして、正史を作ってみようとして日本書紀からいくつか作りますが、結局、六つくらい作ったところでやめてしまった。つまり、歴史にあまり興味がないのです。

ではなぜ中国人は歴史に興味があるか。知的好奇心が溢れているのか。そうではないのです。歴史に敏感なのは、皇帝というものの継続性を証明するためです。中国では天命をうけているから皇帝です。天子です。それが正しく継承されていることの証明なのです。たとえば禅譲されて正しく受け取っていれば、あるいは易姓革命によって即位していれば、皇帝になる権利があるわけです。それを証明するのが歴史なのですね。

ですから歴史への関心というのは、継続する何かを証明しようとするところから生じています。歴史に名前を残すということは、最も重要な、天命をうけた皇帝というものの継続性に対して、自分は何らかの貢献をしたという証拠なのです。名前が残らなかった人は関係がないことになる。時間を通じて継続するものに対する関心があるわけです。これが歴史への関心として出てきます。

一方の日本人は中国人に比べて歴史に関心がない。前近代における日本の知識人は、先進国である中国から学びますから、中国史については詳しくなります。しかし日本の歴史にはそれほど詳しくなりません。天皇というものを通じて継続するものには関心がないのです。それを思うと、なぜ、これほど天皇制が継続するのかが、不思議な問題として出てきます。

空虚化する中心

昨今、前の天皇が上皇になったので関心が持たれていますが、天皇が上皇、太上天皇というものになります。この上皇という制度は非常に特殊です。これは引退した天皇に対する名称ですね。でも考えてみると、世界中のどこを見ても、引退した王や皇帝に対する特別なポジションというのはありません。引退した王は、「前に王だった人」でしかない。

ところが日本の場合は上皇、太上天皇という、引退した王のための特別な名前がある。日本が律令制を中国から導入した時に、中国の律令にはない規定を、日本側で作ったのです。日本の律令の最初から、太上天皇（上皇）が入っています。この上皇には特別な意味がある。率直に言えば、天皇よりも上皇の方が実質的な権力を持つからです。これが不思議なところです。

簡単に言うと、天皇制には独特な構造があります。楕円構造になっているのです。中心が二つある。あるいは脱中心化している。形式的に言えば天皇が中心で、そこから権力が発しているべきなのですが、実はそこには実質的な権力は帰属していなくて、そこからずれたところに実効的、実質的な政治権力の担い手がいる。これが日本の天皇制の特徴です。

最初からそうかというと、古代初期は、そうではありません。天皇が権力の中軸だった時期は確実にあったと思います。例えば、六七二年、壬申の乱。大海人皇子と大友皇子、天智天皇亡き後、天智天皇の息子と弟が激しく戦ったものです。これは路線に違いがあったのです。天智路線は外交重視です。その直前に白村江の戦いがあり、日本はそこで唐と新羅の連合軍にこっぴどくやられた。いつ海外から侵略されるかわからないという時期なので、セキュリティ（安全）を重視した外交路線を考えたのが天智路線。それを継承しようというのが大友皇子。息子です。それに対して、外交よりも内政重視だというのが後の天武天皇である大海人皇子。このふたつの勢力が争い、流血の戦いののちに大海人皇子が勝った。なぜここまで争ったかと言えば、天皇に実質的な権力があったからです。六七二年の段階では、まだ天皇に権力の中心があったのです。

ところがいつしか、その権力の中心がずれていきます。律令を導入した時にすでに、天皇ではない準天皇、しかも皇室における実力者に上皇という名前をつけているのですから、その時点で天皇とずれたところに実質的な権力がある、という状態が始まっているのですね。壬申の乱の段階ではそれはない。けれども、上皇が律令体制に入っているという時点で、天皇の外に権力が生まれる構造が始まっているのです。

教科書的なことを言えば、摂関政治が始まった時に、この構造が極めて明確になります。片方に実質的な権力を持つ摂関家。もう片方にある意味、形だけの天皇がいるという構造が始まるわけです。やがて平安時代末期、白河法皇の時に院政が始まる。摂関政治の時は、権力の中心がいわば皇室の外にあったわけです。それをもう一度皇室の中に取り戻していくのですが、取り戻しても本当の中心には戻らない。天皇ではなく上皇。皇室の中で実権を持っている人を「治天の君」と言います。先日、日本中世史の本郷和人さんに聞いたら、「『治天の君』という言い方は当時（院政期）は使われていなかったんですよ」とおっしゃっていましたが、後になってからこういう構造を説明するために使われるようになった言葉のようです。とにかく、摂関家に行った権力を取り戻したとしても、中心の二重性という構造は消えなかった、それが院政です。

この後に、今度は摂関家どころではない、もっと徹底した脱中心化の構造になってきます。天皇に対して武士が登場します。最初が平家になるわけです。考えてみると、これはとても不思議なのです。日本人は小学校から歴史の勉強をして、大河ドラマなども見るので、常識化してしまってあまり気にされないのですが、全く日本史を知らない、ある程度インテリの外国人が日本の歴史を教わる時に、最初に大きくつまずくのがここです。

一方に武士のリーダーがいて、明らかにそちらに実効的な権力が帰属しているのですね。それなのに、どうして天皇もいるのか。どちらがほんとうの王なのか。これは実に不思議な構造なのです。天皇がいてもいなくても関係ないように見えるのに、天皇は残っている。あれば助かるのか。そうは見えない。というよりも多くの場合、武士の政権にとっては邪魔なように見えるのです。時々足を引っ張られるのに、武家政権はついに、皇室を倒すことがなかったのです。武家政権は自分たちの前の武家政権は容赦なく叩き潰すのですが、もっとも役立っていそうもない、朝廷というものはなぜか倒さないのです。

一番顕著なのは、承久の乱。鎌倉時代初期、源氏がいなくなって北条得宗家が鎌倉の中心になりました。承久の乱は日本史の中で、初めてにして最後の、武士が全面的に皇室と対決した戦いです。それ以外でも、例えば保元・平治の乱や南北朝のように、皇室の内部に争いがあり、武士がどちらかにつくかたちで、皇室の分裂に武士が関わることはありましたが、朝廷全体と武士が対決したのは、承久の乱が最初で最後です。この時は明らかに、朝廷勢力は、建前上のターゲットは北条義時という北条家の当主ですが、関東の武士を対象にして全面的に戦争を仕掛けてきているわけですね。ご存知のように、この時は、鎌倉幕府の武士たちは最も果敢な方法で反撃に出て一挙に京まで攻め上がり、皇室側に完勝したわけです。

普通に考えれば、ここで武家政権の側は、皇室、朝廷を排除してもいい状況です。しかし、武家側は、首謀者に対しては厳罰を処して島流しにしたりしていますが、天皇制自体をなくしてはいないのですね。ここで天皇制自体を終わらせても良かったのに、わざわざ別の天皇を立てている。天皇制が自分たちにとっては好意的でなく、極めて危険である。しかも自分たちの方が強いことがはっきりしたにもかかわらず、結局、朝廷は廃されなかった。この後もそうです。

天皇制には空虚な中心と実質的な権力があるわけです。一番顕著には武家政権との関係においてそれが現れる。武家政権の側に日本列島を治める統治の中心がある。しかし天皇は保たれる。長続きすることの一番の不思議さはの中核には、なぜ、武士は朝廷を排除したり叩き潰したり無くしたりせず、温存したのか、ということがある。それが最大の謎です。このあたりをうまく理解できれば、天皇制は何かを知る、一番重要な手がかりになります。

実はこの構造、つまり空虚な中心と実質的な中心の二つがあるという楕円構造は、天皇近辺ではっきりと見えてきますが、天皇や朝廷に関連した場面に限りません。日本列島に住んでいた人々の共同体独特の社会的技術だと思います。同じ構造がいたるところで見られます。現代にも、空虚な中心に対して実効的な権力があります。

一番分かりやすいところで、朝廷と鎌倉幕府の構造がありましたが、鎌倉幕府の中にも同じ構造がありました。本郷和人さんが東京大学で日本史の講義をした時に、鎌倉幕府の将軍は何人いるか、と問うと、東京大学で歴史を専攻するほどの学生ですら、三代目までしか言えないのですね。それ以降は北条氏が実質的な権力を持っているからです。源氏の血は絶えているので、もう将軍がいなくてもいいようなものですが、鎌倉幕府は摂関家や皇族からわざわざ人を呼んで、形だけの将軍を作るのです。幕府内に形だけの将軍と実力者の執権が再現されるのです。

考えてみると、その後の武家政権もみんな同じです。室町幕府も三代将軍義満以降は、将軍は形ばかりです。室町幕府は集団的な統治システムというか、管領や侍所が力を持っていて、三つ、四つの家で順繰りにそのポジションを回すわけです。三管領四職と言いますが、そのような有力ないくつかの武家が力のない将軍の周りにいる、実力ある側近のグループです。

江戸幕府はたくさん将軍がいるので、時々有能な将軍も出ますが、多くの場合は無能な将軍に対して、老中が力を持つ。考えてみると、現在でもいろんな組織で同じことが起きている。会長とか、どういう権限があるのかわからないような人が残っていて、側近の誰々さんが実際は決めているんですよ、みたいな構造ですね。この天皇制的構造が日本の集団には遍在しているのです。日本人が集団を作る時に、この構造を何度も再現してしまう。これを日本列島規模で展開すると、天皇と武家政権の構造になる。それを考えると、なぜ二元構造になってしまうのかが謎になる。この二元構造を維持したことが、天皇制が長続きした理由になっています。

武士と天皇

たいていの人は、日本においては天皇の神聖な権威が冒しがたいものとしてあり、それが日本で敬われてきたのだ、という話をしますが、本当にきちんと中世や近世の研究をしている人が見ると、ちゃんちゃらおかしい、という話になります。武士が天皇をリスペクトし、権威に服して、かしずいていたのだという説明は、どう考えても歴史の実態に合いません。

極端な例を言いますと、室町幕府初期に土岐頼遠という人物がいます。当時、婆娑羅大名というものがいました。派手なチャラチャラした出で立ちで、ブイブイ言わせている大名のことで、その代表のような人です。室町幕府家臣団の中で軍功のあった人ですが、この人は上皇の行列に対してとんでもないことをしました。

光厳上皇が通っている時、「院のお出ましなので、馬から降りて挨拶せよ」と言われたら「ちゃんちゃらおかしい！　院だって？　犬だって？　犬なら犬追物の対象じゃないか」と言って、家来たちに上皇へ向かって矢を射かけさせた。これは遊びのつもりだったようですが、矢の一部が上皇にあたって、結構な怪我をした。一歩間違えれば大変な事故になったかもしれません。院と犬をかけてばかにする。これはさすがに、いくらなんでも、ということで斬首されますが、武士たちの同情は非常に大きくて、嘆願、助命運動が起きています。

室町幕府の主要な武士には、実質的な実力のない天皇や上皇を小ばかにして遊ぶことなんて、大したことじゃないと思われていたのです。もっと確実な例では、太平記に出てきますが、高師直という足利尊氏の最も重要な家臣の一人は、「京都には天皇や院がいて、その屋敷の前を通るときはわざわざ馬を降りて挨拶するなんていうのが面倒でしょうがない。あいつら役に立ってないんだから、いっそ思い切って全員島流しにして、木か金で彫りものでも作って、天皇や院にしちまえばいいじゃないか」と言ったといわれています。つまり、根本的にばかにされているんですね。

ただ、高師直のエピソードは、逆の面からも興味深いと思います。つまり、彫り物の天皇でもいい、というのです。ばかにしているように見えますが、しかし、彫り物でも必要だというのが不思議です。なくてもいいのに、必要なのか。

江戸幕府では、武士側の天皇への侮蔑的な態度はもっとはっきりします。完全に上から目線で、江戸時代には、天皇の住んでいるところを指す語を用いて間接的に禁裏という語で天皇が名指されていたのですが、「禁中並公家諸法度」というのができます。公家や天皇が何をしなければいけないかを武士が決めているのです。第一条が「天子諸芸能の事、第一御学問也」。天皇は勉強だけしてなさい、というわけです。幕府が勝手にそれを決める。明らかに武士が上だという態度をとるのです。

東福門院和子の入内をめぐる騒動については、ご存じの方もいるかもしれませんが、秀忠の娘・和子が後水尾天皇と結婚することになっていました。これは家康の遺言だったのですが、結婚が延期になったりしているうちに、後水尾天皇と世話係の女官との間で関係ができてしまった。子供が生まれたりして、秀忠は激怒したのですね。相手の女官とその血筋の家族全員六人を島流しという厳罰に処した。これも相当すごいと思います。源氏物語を見てわかるように、こんなことは皇室にとっては日常茶飯事で、悪いことをしているという意識がないんですね。それなのに罰の程度が大きすぎる。

紫衣事件も江戸時代における幕府の優位を証明するできごとです。紫色の衣は僧侶の勲章のようなもので、これを天皇が出すのですが、あまりにも乱発するので幕府側が怒ってやめさせている。武士が勅命を撤回させているのです。武士は天皇、朝廷に対して圧倒的に上から目線で、ほとんど嘲笑的に扱っている印象があります。そうすると、天皇の権威に武士が服していたという説とは、あまりに違いすぎる。あまりにも肝心のところが捉えられない。

江戸幕府の初期段階は圧倒的に幕府側が上で、朝廷に政治には関わらせない。その能力が朝廷にはないとはいえ、です。しかし、江戸幕府の最後になると立場が逆転するわけです。二六〇年続いた徳川政権は、天皇の名の下で戦う勢力によって倒される。これは不思議な話です。それまで、自分の方が主導的な立場にあり、天皇を思うままにしていた。天皇が決めたことすら撤回することが幕府にはできた。ところが最後の段階で突然、天皇から発せられた命令を拒否することができなくなったのです。

劣勢を自覚した幕府は大政奉還をします。これも変な話です。大政を天皇に奉還するといいますが、いつもらったのか。徳川家は実力で天下を統一して、天皇からもらったものではないのに、「返します」と恭順の意を示しても、朝敵として倒されてしまう。江戸時代末期になって、突然、天皇の権威が回帰してきたように見えるのです。

僕は、マルクスの『資本論』で言っていることと似た感じを受けます。金融恐慌について書いたものです。「……貨幣は突然かつ媒介なしに、計算貨幣という観念的なすがたから、かたい貨幣〔硬貨〕に一変する。それは、卑俗な商品では代わることができないものになる。商品の使用価値は無価値となり、商品の価値は、それ自身の価値形態の前に影を失う。たったいままで、ブルジョワは、繁栄に酔い開花を自負して、貨幣などは空虚な妄想だと断言していた。商品こそ貨幣だ、と。いまや世界市場には、ただ貨幣だけが商品だ！という声が響きわたる。鹿が清水を求めて鳴くように、世界市場の魂は、唯一の富〔である貨幣〕をもとめ叫ぶ」。

いきなり聞いても難しいかもしれませんが、ブルジョワジーは普通の状況の時には「貨幣など計算のための便宜的なものに過ぎない」と言っていた。「本当に価値があるのは、貨幣によって手に入れる商品だ。だから貨幣にはたいした価値がない」と言ってきた。けれども、恐慌になると、突然、貨幣を求めて、貨幣だけが唯一の富であるかのように集まってくる。ついさっきまではばかにしていたのに、危機的状況になった時には貨幣に寄ってくる。

これは幕府と天皇の関係に似ています。幕府はずっと、天皇なんて何の権力もない、何も決められないと嘲笑しばかにし続けていたのに、急に天皇が偉くなってしまうのですね。勅許が欲しくて仕方がなくなる。得られなくてついに負ける。そういう不思議な状況になる。

さらにいうと、マルクスの文章の狙いは次の点にあります。常態においては貨幣をばかにしているが、恐慌の時には貨幣に対してぬかづくようになると言っているだけでなく、恐慌の時にこうなってしまうのは、常態の時も意識していないけれども、貨幣に服従していたのだ。貨幣の権威に気づかないうちに服従していたのだ。そのことが恐慌の時に露わになる。ですから、常態の時には意識していないけれども、貨幣の権威に服していたというのです。

同じことがおそらく、武士と天皇の関係においても言えるかもしれません。武士はある意味では、ほとんどの状況において、天皇を必要としているようには見えない。しかし天皇を取り除くことはできない。なぜか。極端な状況の中では、状態が反転してしまうのです。ということは、常態においても、武士自身の意識とは逆に、天皇に服していたのかもしれない。このことは、武士とは何なのか、武士のアイデンティティと関わった問題です。武士が武士であることのエッセンスと絡んでいるのではないかというのが僕の考えです。

武士の起源

一体、武士とは何なのか。前近代の歴史の中で、中世と近世に関しては、武士が最も重要な歴史の主役です。近世から近代への移行時にも、基本的なエージェントは武士です。武士がいなかったら、明治維新はない。しかし、明治維新が成立したら、武士はいなくなってしまった。勝利者なのにいなくなる、勝利者が最大の敗者になるという、不思議なことになるわけですが、ともかく明治以前の歴史の中で一番重要なエージェントは武士です。天皇は、いるかいないかわからないのに、ずっといる。最後の最後になって「おれはずっといたぞ」という感じで出てくるだけです。武士とはなんなのか。実はよくわからないのですね。

まず、武士の定義ですが、二つ重要なことがあります。一つは、武士は基本的に戦闘者です。ただ戦えばいいのではなくて、武士らしい戦い方があります。ご存知のように、ちょうど今、テレビの大河ドラマでもやっていますが、種子島に鉄砲が来て、戦国末期になると鉄砲は戦闘上の重要な武器になります。しかし、鉄砲は武士らしい道具とはみなされていません。武士は刀を重要視していますが、元を辿ると最も重要なのは弓です。弓馬。馬に乗って弓を使うという高等テクニックです。だから武士のことを「弓馬の士」といったりするのですね。二つ目は、武士は領主で、土地を獲得するために戦っています。この二条件で武士は定義できます。

　武士というものは、ある時期から日本の歴史に非常に重要な役割を果たします。しかし、その起源について、いろんな専門家の話を聞いても、はっきりわかりません。通説がなく、どこから出てきたかわからない。今でもそうかもしれませんが、私が高校生くらいの時には、武士は開発領主で、田畑を開墾した実力農民が武装して、領地を守り始めたのだと言われていました。しかしたぶん今の中世の専門家の意見は違うでしょう。開発領主の武装では説明がつきません。

　これはちょっと考えてみれば分かります。武士は弓馬の使い手です。これは高等テクニックなんですよ。普段、農作業をしている人が、ちょっとやってみようと言ってやれるものではない。専門化された技術ですから、武士の本体が田舎の農民であるとは考えにくい。すると、逆の説が出てきます。武士は坂東で生まれたのではないかと言われていましたが、実は都で生まれたのではないのかという説です。高橋昌明さんの『武士の日本史』（岩波新書、二〇一八）では、武士は都で生まれたとされます。しかも、朝廷の中で、天皇の居住地域を守る「衛府」から生まれたという説です。武士の使っていた武具を見ると、実は非常に洗練されていて都風。田舎でいきなり生まれたとは思えないと言います。しかし、証拠の乏しい説であまり説得されませんでした。

　僕は、もし武士が朝廷周辺から生まれたというならば、衛府から生まれたというのはマイナー過ぎると考えます。皇居を守っている警護の兵から武士が出てきて、田舎の武士はそれを真似しただけでしょうか。むしろ、こう思います。皇室、朝廷近辺から生まれたとすると、古代には朝廷は軍隊を持っていました。中世の皇室は自前の軍隊を持っていない。それも不思議なことといえば不思議ですが、古代には軍隊を持っていた。それほど身分の高くない貴族がその軍人です。家柄で職種を与えられるので、武門の家というのがあるのです。そういうのを「将種」「将家」と書いたりします。すると、有力なのは、古代において武装する家柄。武士はそこから生まれてしかるべきです。

　有名な将種の一人が、坂上田村麻呂です。この人は最初の征夷大将軍です。後世の征夷大将軍は、名前とは違って夷狄を倒したりしませんが、彼は本当に蝦夷を倒すために派遣された征夷大将軍で、軍功も上げている。けれども、この坂上家がどうなったかといえば、少なくとも有力武士にはなっていないのです。朝廷の中から出てくるなら、ここから出てきてもいいはずなのに、武士の中心にはなっていない。

そこからわかることは、武士の天皇や皇室からのある程度の独立性です。これが武士の重要なポイントです。直接の臣下のようなところからは出てこないのです。武士らしいエートスはそこにない。いかに戦闘能力があっても、天皇の直接の臣下ではだめなのです。武士は天皇から一定程度独立しているということが、非常に重要な条件になってきます。「一定程度」というのが重要です。

私は最近、この武士の起源という問題については、日本の中世の研究者の桃崎有一郎さんという人の説が、説得力があるように感じています。『武士の起源を解きあかす』（ちくま新書、二〇一八年）という本を書いています。間違いなく武士が活躍していると思える、最も古い事件のひとつが平将門の乱ですね。桃崎さんは、たとえば、この事件の登場人物のルーツを律儀に追いかけているのです。いつどの段階で武士になったのかを丹念に調べて結論を出しています。

武士は、二つのものの合わさった化学反応の結果だとします。「王臣子孫」と「伝統的現地豪族」の合成によって生まれた。王臣子孫とは貴族の子孫のこと。貴族としては重要なのは、まず摂関家。それよりさらに重要なのは皇族から臣籍降下した人です。世継ぎ、天皇、親王になれないので、光源氏のように臣下に降った皇族がいます。そうした貴族の子孫と、伝統的現地豪族。後者は古代を辿れば国造と言われたり、郡司に任命されたりしたような地方実力者。両者の掛け合わせで武士は生まれた、というのが結論です。

桃崎さんはこう書いています。「武士は、地方社会に中央の貴姓の血が振りかけられた結果発生した創発の産物として、地方で生まれ、中央と地方の双方の拠点を行き来しながら成長した」。地方社会という牛乳（地方豪族）に、王臣子孫という乳酸菌が投入されてできた発酵食品のようなものだというのです。地方豪族が牛乳である。そこに乳酸菌を加えるとヨーグルトになる。どうしても必要な乳酸菌が王臣子孫。そうするとヨーグルト、武士が生まれる。

重要なのはこういうことです。もともと、律令制に根拠のある租税システムがあります。公地公民制です。これによると、全国の土地と人民は天皇に帰属することになっています。が、ご存じのように、これがちっとも機能しないので私有地を認めるようになるわけですね。墾田永年私財法です。耕した土地は自分のものになるよ、としないと誰も働きませんから。しかし、開墾した人の努力が報われるという話にはならなくて、これによって荘園が生まれてくる。そういう状況が日本中世にはあります。

占有地を持つ伝統的豪族がいます。しかし、京都に税を納めなくてはいけない。それは嫌だな、と思うわけです。納めないのではない。どうするかというと、そこそこの実力者に土地を提供するわけです。その実力者もまだ実力が足りないので、さらなる実力者に土地を寄進する。その寄進先がどんどん上に登っていて、たとえば、最終的に興福寺の土地になったり、摂関家の誰かの土地になったりするのです。それが中世の土地システムです。結局、公領のシステムと荘園（私有地）のシステムがパラレルな二本立てになって、これを中世史の泰斗網野善彦さんは、荘園公領制と名付けたのです。

税を払いたくないけれども、払わない人がいない、というのも日本の特徴だと思います。税を逃れるために、別のところに税を納める、という作戦です。本当は皇室に納めなくてはいけないけれども、それが嫌なので、摂関家に納めるかたちにする。その方が若干、節税になるから。なぜか日本の場合は、ボストン茶会事件のようなことは起きないんですね。「議会におれたちの代表がいないんだから税を納める理由はない」とはならずに、なぜか日本の農民は「私はこっちに納めます」という作戦に出ます。

税をどうやって納めるかというと、運ぶ人がいます。それを請け負わされるのが伝統的地方豪族なのです。しかし田舎から都へ運ぶ途中で強奪されたりする。強盗に収奪されるか、摂関家に収奪されるか、天皇家に収奪されるかという、税の取り合いなのですが、その中で武装集団が作られていきます。そのヘッドに王臣子孫が置かれるという構造で、やがて地方豪族と王臣子孫の間に姻戚関係が生まれていく。そうすると双方にウィンウィンの関係ができます。王臣子孫というのは、京都で出世する夢を断たれた貴族たちです。都で出世できないので、地方へ行ったほうがいい。都で税を待っているくらいなら、途中で取られてしまうかもしれないのだから、自分で直接収奪したほうがいい。そして地方の豪族と姻戚関係を結ぶ。すると現地豪族としては、都からちょっといい血を引く人が来て、何の縁もなかったところにルーツができる。そういう中から武士が生まれてくるのです。

　重要なポイントは二つです。一つは、武士のベースにある生き方、存在のあり方。それは、遊動性ということだと思います。よくあるのは、運搬業者が強盗を兼ねるということです。例えば、平安時代には「僦馬の党」というのがありました。運送業者兼群盗のことですが、このヘッドに王臣子孫がつけば、完全な武士です。「その身は浮き雲の如し、飛び去り飛び来りて、宿る処定まらず」は、平将門の乱の時に登場する武士たちを表現した言葉です。要は、遊動性がベースで、その遊動性が反転して土地への執着になるのです。定住していた人たちが土地に執着するというよりも、本来の存在のあり方が遊動的であるがゆえに、遊動の拠点としての土地の価値が高まるわけです。ベースにあるのは遊動性。それが反転して領主としての性格や土地への執着になるというのが重要なことです。

　もう一つは、武士なるものを成り立たせるために、どのような力が働いているか。簡単に言えば、天皇を中心においた求心力と遠心力。天皇に向かおうとする求心力と、離れようとする遠心力の絶妙なバランスの中から、武士は生まれている。まず基本的に、朝廷や天皇に仕えている将種、坂上氏のようなところからは、武士は生まれてきません。武士はもとはといえば、日本古代の律令制の中で日本列島の中心にあった朝廷からは独立性を持っているというのが特徴です。

しかし、完全に独立しているかというと、そうではない。武士になろうとする人たちは、王臣子孫という貴種と結びつくのです。現地豪族は貴種に対する憧れがあり、それに結びつくことで自分の土地の安定を保とうとします。貴種ですから、その先には天皇がいる。しかし、天皇と結びつきすぎると武士ではない。

さらに細かく見ると、この絡まり方が複雑怪奇であることがわかります。王臣子孫と結びつくということは、要するに脱税、いかに税を逃れるかということです。天皇に納めたくないわけです。「税は摂関家に出しますから」というようなことを言って、朝廷への納税から逃れたい、逃れられると思っているわけです。天皇をばかにしています。王臣も摂関家も興福寺も、天皇に物を納めさせずに、自分たちが掠め取ってしまおうと思っているわけです。彼らも天皇を尊重してはいない。

貴種に向かおうとするところで、天皇からの離反が起きているわけですが、さらに一歩踏み込んで考えると、なぜ貴種、貴族や臣籍降下した皇族が、地方の人たちの憧れの対象になったかといえば、天皇に近いからですね。それしか根拠はない。つまり、天皇を小ばかにしている人、つまり王臣子孫や貴種が威張っていられるのも、天皇に近い血筋であるということが根拠になっているわけですね。

天皇をばかにしているように見える者たちが威張っていられる、その根拠はまた天皇にある。こういうかたちで、天皇へ引っ張られていく力学と、天皇を相対化して冷ややかに眺める力学の二つが、厳しく絡み合っていく。その中で武士は生まれていったのです。武士の起源の中にある、天皇へ向かう求心力と、そこから離反する遠心力。二つの力がいろんな形で働きながら、大きく見ると日本の武家政権を形作っている。

幕府と朝廷の弁証法的循環

僕の結論を言うと、日本の中世と近世は武士が主役ですが、それぞれの時代に同じ形式の循環が起きているんですね。弁証法的循環です。スタートは、朝廷の中の武家勢力。平家のことを考えてください。平家は朝廷の中で、朝廷のシステムをそのまま使って、摂関家や院政と同じ方法で力を獲得しました。武家勢力が朝廷の中にパラサイトした状態なんですね。ここからスタートしますが、これは朝廷への求心力の中に強く規定されています。これが最終的に失敗したのはご存知ですね。武家にしてはあまりに朝廷に近すぎるのです。それに気づいて清盛は福原に遷都しようとしますが、不徹底で失敗したりしています。

　この次の源頼朝、北条家につながる勢力は、朝廷の外に武家勢力の中心を置きました。坂東、鎌倉に。これは遠心力が強く働いているんですね。しかし、求心力はゼロではありません。征夷大将軍になったり、摂関家や皇族から役に立たないように見える将軍を招いたりしますから。朝廷との何らかの依存関係はあるのですが、自分たちの根拠地を基本的に朝廷の外に保つ。

　三番目に、もはや幕府（武家政権）の中に朝廷を統合してしまったと言ってもいいような状態になる。これが室町政権です。鎌倉時代においては、幕府と朝廷は独立のエージェントとしてかなりの力を持っていましたが、室町幕府になると、物理的な距離においても、朝廷のすぐ脇に幕府が存在するだけでなく、財政基盤にも影響が出ます。こういう状況では、朝廷は租税が取れないんです。まして地方からは取れないものだから、どこから取るかというと、京都からの税で生きているんです。しかし、室町幕府は、京都における朝廷の財政基盤を吸い上げてしまいます。室町幕府が直接、京都市民に課税するようになる。すると朝廷は財政的にも幕府に依存するようになるから、幕府の中の朝廷という形になります。
こういう循環があるのですが、これはヘーゲル的な、典型的な弁証法です。朝廷から見ると、外化したものを、再び内化しているのですが、それによって、図と地の関係が反転する。つまり、最初は、朝廷の中に武家政権があるのですが、外化された武家政権が戻ってきたときには、逆に、武家政権（幕府）の中に朝廷がある、というような状態になっている。ヘーゲル的に見れば三番目までいくと、一番安定しなくてはいけないのだけれど、幕府の中の朝廷は空中分解のようなことが起きます。

最初に、幕府は朝廷のすぐ近く、その内側にある。それから朝廷の外に作られる。それから幕府が朝廷を取り込む。ここで最も武家政権にとって強い基盤を作ったことになるはずなのに、こういう幕府はなぜか壊れてしまう。最終的には、室町幕府は地方に対する力を発揮できませんでした。関東では関東管領が別勢力になってしまい、最終的には京都すら治められなくなって、応仁の乱が起きます。

応仁の乱は誰と誰が戦っているかわかりませんね。応仁の乱の本質を考えるとき、誰がどういう理由で戦ったかはポイントではありません。戦った人たちは勝手な動機で戦っていたんです。争いに便乗して自分の利益を取ろうとしたわけです。つまり、応仁の乱は紛争一般という紛争です。そこにそれぞれの人がそれぞれの紛争を投入している。もはや、秩序がなくなった、権力が足下の京都すらも治められなくなった状態で、そのあとから戦国時代が一〇〇年くらい続くわけです。戦国時代は武士の歴史の中で、武士たちが最も天皇を気にしなかった時代です。

　僕の考えでは、この一〇〇年の後に、もう一度中世の論理と同じ形式の論理が展開します。まず、朝廷の中の幕府に当たるのは、短命でしたが豊臣政権。そのあと、典型的な朝廷の外の幕府、鎌倉幕府のようなものができます、これが徳川幕府。これで近世は打ち止めですが、考えようによっては、幕末に起きていたことは、非常に短期間ですが、幕府の中の朝廷のようなかたちになっていました。幕府は長い間、朝廷をばかにしてきましたが、外圧がかかってきた時に、朝廷に勅許をもらったりしますね。これは、許しが欲しかったのではなく、天皇はいうことをきくと思ってやっているわけです。幕府は、朝廷は自分のいいなりだと思っているわけです。外交戦略に対して文句を言うやつを黙らせようと思って、言いなりになるはずの天皇を言いなりにさせようとしたら、そうならなかった。孝明天皇は空気を読まなかった。つまり、幕府はあたかも幕府の一機関のように朝廷を使おうとしたのですが、室町幕府と同じように、弁証法的総合によって、成功するどころか、弁証法的分解になってしまったのです。

　間に戦国時代を挟むので、極めて重要なクオリティの違いが生じますが、いずれにしても、「朝廷の中の幕府」から「朝廷の外の幕府」へ、そして最後に総合であるはずの「幕府の中の朝廷」において分解するという循環を、二度しているのです。これが日本の中世史と近世史だと思います。幕府と朝廷の間の、求心力と遠心力の両方が働くというかたちでいくのですね。そして、二つの循環の間に、戦国時代があり、その戦国時代を終わらせて、近世の循環の準備をしたのが織田信長です。

明治憲法の下で

天皇制とは何か。武家との関係でそれを考えたのが、ここまでです。明治になりますと明治政府において、忘れられていた天皇が呼び出され、憲法などが作られていく。有名な法制史の研究家で石井良助先生という方がいて、『天皇』という本を、戦後の日本国憲法が公布された直後に書いています。石井先生は、天皇は自分から政治を執らないという伝統があるのだ、ということをおっしゃいます。日本の天皇には「親政せず」の伝統があると。なので、明治憲法では、その伝統に反して天皇に主権があることになったということで、太平洋戦争までの時期は伝統が崩れている珍しい期間のように書いています。

しかし、明治憲法のもとでも、天皇は実質的な権力を持っていたわけではありません。

これは明らかです。憲法の条文そのものを見てもそう思います。万世一系、天壌無窮の天皇に主権があって、ものすごく重要な力を持っているように見えますが、よく見ると、本当に空虚なものだということがわかります。

明治憲法第三条には、「天皇ハ神聖ニシテ侵スヘカラス」と書いてあります。神のように扱っているように見えますが、考えてみると、政治的に天皇を無力化していることがわかります。ある意味で天皇を免責しているわけです。免責されるということは、責任を取るような自主的なことを天皇はしないように作られているわけです。ですから明治憲法の下でも、天皇は空虚な中心に過ぎないのです。

では、もう一方の実権を持つ中心は何か。明治中盤になると伊藤博文をリーダーに明治憲法が出てきますが、それを見ると、こう思います。僕は先日、憲法学の木村草太さんと仕事で明治憲法の話をしましたが、明治憲法において実質的な国政の中心はどこにあるか。どこにも中心がない、ということが明治憲法には書いてあります。明治憲法で一番重要なのは、初めて議会というものができたことです。とりわけ、民選議員が出てくるのが非常に重要ですが、議会の権限は極めて僅かなのです。具体的に言えば、予算について協力するだけ。それ以上ではない。非常に限定的です。

議会がだめならば内閣なのか。ところが明治憲法には、きちんとした内閣の規定がありません。内閣は大臣の集合体であって、内閣という統一的組織としては規定がない。では重要なのは大臣か。大臣が何をすることになっているかというと、天皇陛下を補弼する、助けることだとあります。規定上は助けるだけです。大臣の中で一番重要な首相がどのように選ばれるか、憲法に書いてないんですね。つまり、明治憲法を見ると、議会も大臣も内閣も首相も、実権の中心ではないと書いてあるのです。もちろん天皇にもない。

いったいどこに、実質的な統治の中心があるのか。憲法の外にあったわけです。元老です。法的規定はないけれど、事実上の権力の執行者は元老で、総理大臣を決めることができる。元老とは、明治維新の時に活躍したとみなされる英雄たち、という意味です。明治維新をやり遂げたというオーラ、カリスマだけでやっているから、明治維新から遠くなれば、みんな死んでしまうという問題があるわけです。明治憲法の下でも、この構造がそのまま保たれていたのです。

さて、日本の天皇を中心とした権力構造は、空虚な中心と実効的な政治権力中心の二重構造になっていて、空虚な中心が消されることはない。この構造が顕著なものが、武士と天皇の関係の中に現れていると、ここまで話してきました。

この構造を成り立たせているものは何かというと、武士に関して言えば、天皇に対して持っている、二重性を持った態度が非常に顕著です。結論を言えば、なんだかんだ言っても、結局武士は、ある意味では天皇の臣下、征夷大将軍などとして統治を担っています。重要なのは、征夷大将軍として天下を治めるのではなく、天下を治めてから征夷大将軍になるということですが、一応、最終的には、天皇の権限の下に伏しているように見える。結局、服従しているとしか言いようがないのですが、その服従の中には、大幅に天皇を相対化する、拒絶し、嘲笑し、ばかにする力が同時に働いているのです。服従から離れようとするベクトルの力が働きつつ、それでも仕方がないから天皇を受容する。最終的には天皇の権威を受容しているのですが、極めて拒絶的な部分の大きい受容で、拒絶的な受容という構造になっています。

日本人の精神のかたち

ここで見た超越的なものを拒絶することで受容する、拒絶的に服従するという構造は、日本人の精神の、基本的なマトリクスになっているのではないでしょうか。だからむしろ、こう考えたいのです。天皇制というのは、そのマトリクスが一番はっきりと現れた事例であり、日本人の精神の基本的な仕組みの顕著な現れです。これを柄谷行人さんはブリリアントに示しています。例えば、日本語の漢字仮名交じり文。これは日本語の顕著な文字の特徴です。これが日本人の思考の様式をいかに規定しているか。

僕は、漢字仮名交じり文も拒絶的受容というものの典型的な現れだと思います。日本人は漢字とかな文字を使い分けています。その使い方には一貫性があります。漢字で書かなくてはならないものと、かなで書かなくてはならないもの・書くことができるもの、音読み・訓読み。使い分けははっきりしていて、漢字で書くものは中国から来た言葉です。それは中国から来た、抽象的であったり一般性を持ったりしている概念を表しているのです。ひらがなで書かれるものは大和言葉。また、本当は大和言葉でなくても、ひらがなで書くと大和言葉のように感じられてきます。そういう二重性を持っています。

中国から儒教や道教といった、迫力のある思想や理念は、漢字のかたちでやってきました。日本人は漢字を受け入れるやり方と同じやり方で、それらの思想や理念を受け入れた。しかし、漢字とかな文字を使い分けるというかたちになりました。漢字として受け止めるというのは、これは外来語だということが永遠にわかるように作られているわけです。実際、僕らは漢字で書かれた言葉は難しく感じます。例えば、「精神」と「こころ」。同じような意味内容を表しますが、「こころ」というと具体的な感じがして、「精神」というと抽象的で難しくなる。話し言葉の中で「おまえのこころは……」と言わずに「おまえの精神は……」と言われると、なんだか落ち着きが悪いですよね。ですから、僕らは漢字で表されるような概念を、拒絶しながら受け入れているわけです。

天皇との関係でも同じ形式が認められる。超越的なものを拒絶的に受容するという構造は、日本人の精神の基本形式を表しているように感じます。もう一つ、天皇という名称はいつ生まれたかはいくつか説がありますが、天皇と中国の皇帝の関係も、拒絶的受容だと思います。天皇というのはほぼ皇帝と同じ不遜な名前です。天皇という名は、中国皇帝から冊封されて、王と呼ばれることを拒絶している。しかし日本の天皇は、中国の皇帝に対して、完全な臣下ではないが、明らかに従属的立場を取っている。皇帝に対して、いわば拒絶的受容をしているのです。武士が天皇に対して取ったのと同じ形式で、天皇が中華帝国の中心である皇帝に対しているのです。これが日本人の精神のかたちに関係があります。

戦後の天皇制――その意図せざる効用

さて、現在と未来のお話をします。戦後というのは天皇制との関係でいうと、一見極めて例外的な時期です。戦争に負けたこともあり、戦後五〇年くらいは、基本的には左翼やリベラルなどは天皇制に批判的だったわけですね。天皇制廃止や打倒を目標にしている方が普通だった。だから、先日の「あいちトリエンナーレ」のようなことが、とても珍しいことのように言われるというのは、隔世の感があります。一九五〇～六〇年代だったら、昭和天皇の絵が焼かれるなんて普通ですよね。昭和天皇万歳という絵を描く方が致命的だったりしました。

でも考えてみると、日本史の中で、天皇や天皇制に対して表立って反対して、政治的な動きをして、しかも生き延びた人はほとんどいないのです。一つだけの例外が、先ほどお話した承久の乱でした。そのときですら、天皇制そのものは否定しなかった。だから戦後のある時期のように、かなりの数の人が天皇制を批判した時期というのは、日本の歴史の中では例外的だと思います。

その上で私は思います。一九七〇～八〇年代までは、いや昭和天皇が亡くなるくらいまでは、左翼の人たちは天皇制に反対だった。現在でも反対の人は多いかもしれませんが、かつてのように多数派にならず、声も小さい。では、戦後から七〇～八〇年代までは、左翼は本当に天皇制に反対だったかというと、僕は実は疑っています。見沢知廉という、右翼と左翼を渡り歩いた人がいます。早くに亡くなった方ですが、一九九五年に獄中で『天皇ごっこ』という小説を書いて、当時あった「新日本文学賞」を取ったのです。これは天皇に関する短編小説を書き並べたものです。この人は極左と極右を渡り歩いたので、この二つは意外にも仲がいい、気持ちよくやれるのだというのがわかるのですが、この小説の中に、成田闘争、三里塚の話が出てきます。これはきっと本当にあった話だろうと思います。

一九九五年に作られた小説ですが、舞台は一九七八年。三里塚で空港反対の集会が起きて、全国から数万人の新左翼系セクトが集まってくるのです。ところが盛り上がらない。各セクトで少しずつ考え方が違うので、誰かが演説するたびに、自分の仲間なら喝采を送るのですが、他のセクトの人だと野次しか飛ばさず、喧嘩ばかりする。それで、みんなでインターナショナル（革命歌）ぐらい歌おうとしたら、翻訳がセクトごとに違うものだから、声が揃わず、また喧嘩になる。ついにはトイレの順番まで争うというような、みじめなことになっているんです。ところが最後に、戸川反対同盟委員長が演説に立つ。演説の名人と言われるこの人の演説で締まるに違いないと思うのですが、野次が多くてだめなんですね。ところが最後に戸川委員長はこう言うんですね、「何れにしても、我々の真の敵は天皇だ」。そう言った瞬間に、突然地鳴りのような声が上がって、ものすごい盛り上がりになるんです。

これは本気になって天皇制を打倒しようとしているというより、天皇制で遊んでいるんだと僕は思うんですね。つまり、天皇反対と言いたい、そう言えば気持ちが盛り上がる。今風に言えば、「天皇萌え」なんです。オタクの人がある特定のポイントに敏感に感じることを「萌え」というのですが、本人たちは天皇制に反対しているつもりだけれど、実は天皇が好きなのじゃないかと思うのですよね。意識のレベルでは本人たちも天皇制に反対しているつもりですが、無意識のうちに天皇が好きで、むしろ天皇制の維持を前提にしている。そうすると、あのときすらも、左翼が本当に天皇制に反対だったのか、ちょっと疑わしいなと思ったりします。

　いずれにしても僕は、戦後の天皇制を考えた時には、ある意味で意図せざるポジティブな効果が民主主義に対してあったと思っています。民主主義に対して、天皇制というのはあるポジティブな効果を持ったというのは、どういうことかというと、今になるとよくわかります。世界的な規模で見ると、今は民主主義の危機だと思います。例えばアメリカ。トランプ支持者と反対者がいる。トランプに反対の民主党の人たちは、トランプを応援する気なんかない。トランプはアメリカ人にとっては「我々の大統領」ということにはなりません。民主主義は、どちらにしても、反対する人が半分程度いるものです。それなのになぜ、民主主義は機能するのか。トランプが大統領になったら、自分とは違う考えであっても「トランプは我々の大統領だ」と思わなくてはいけないんですね。そのあたりができなくなっているのが現状です。

　民主主義は、民主主義的合意以前の合意があって成り立つのです。私はＡに賛成だ、あの人はBに賛成だ。私はAがいいと思っているのは、「みんなのことを考えて、Aがいい」と思っているわけです。「自分のことだけを考えて、Aがいい」と言っているわけではない。だから、Bの意見が通っても、相手も僕のことも思ってBがいいと言ったのだから、というところで受け入れるのです。そういう、最低限の合意がなければ、民主主義は機能しない。

だからパレスチナ問題を民主主義で解決することはできないのですよ。相手のことをお互いに思えないからです。そして、今、一つの国の中ですらも、その最低限の合意が崩れかけている、これが現状です。

ところが日本はどうか。日本の民主主義には確かにいろいろ問題がありますが、こういった面では問題が起きていないのですね。その一番の理由は、ある意味で天皇制にある。それに賛成か反対かというより、天皇制はある種の印なんです。何の印か？　日本人の中に、最低限の合意があるはずだ、という印。合意に対する合意なんですよ。我々は何であれ最終的には合意することができるのだ、ということに対する合意を示しているのが天皇制。最低限の合意の可能性を維持する機能が天皇制にあるわけです。だからそういう意味で、民主主義が崩壊するのを防ぐ機能があった。意図的にそうした制度を作ったわけではないのですが、結果的にそうなったのです。

現代の天皇制の諸問題

しかし、この機能は今後も続くのか。日本は天皇制を持っているから民主主義が安全で、アメリカのようなことにはならないか。そうではないでしょう。おそらく、これからは天皇制があることが逆に足かせになるだろうと僕は思います。つまり、天皇があるおかげで合意できるのは、天皇制がなんともわからない不思議なものだからなのです。なぜ天皇陛下が偉いのか、どうもわからないのですよ。人間宣言もしているし、何が特別なのか、わからない。空気を読んで、そうであっても天皇陛下は神聖だというゲームにみんなが参加しなくてはいけないのですね。こういう説明不可能なゲームに参加できる人だけが、天皇制の元で合意できるのです。天皇というのは、「空気の空気」、空気が存在しているということを保証する空気です。

でも今後、日本には外国から入ってくる人が増えます。そういう人たちもまた希望すれば、日本国籍を持てるようにならなくてはいけないし、日本が生き延びるためにはそれしかないでしょう。その中で政治的な力を持つ人も増えます。そういう人を受け入れなくては、我々はやっていけません。そういう人たちも天皇ゲームに参加してくれるかというと、難しい。空気を読むのと似ています。空気というのは、ずっと一緒にいる人じゃないとわからないのですよ。そうすると、外から来ても空気は読めない。ずっといるとなんとなくわかるけれど、それは今後は期待できない。ですから、天皇というものによって最低限の合意や統合を持っていくシステムは、今後、外から人が入ってくる状況の中で明らかに足かせになると僕は思います。

それから、ごく単純に考えても、天皇制に将来の問題が残っているのは確かです。普通に考えて、少なくとも二つは問題だと思っています。一つは、天皇制は皇室の人の基本的人権を奪っているということ。それを当たり前のようにしていていいのか。かつて、憲法学者の奥平康弘先生は「脱出の権利」ということを言いました。皇室から抜ける脱出の権利が正式に認められるべきだ、とおっしゃっていましたが、ある意味そうしなくてはならないと思います。そうではあるけれど、そうしてみんな脱出してしまったらどうするの？　という問題は残ります。天皇制と脱出の権利は両立できないのです。それから、皇室に女性しかいなくなったらどうするのか、と言われていますが、それどころか子供が生まれなかったらどうするの？　という問題があります。子供がいない家なんていくらでもあるのですから、これらのプラクティカルな問題を解決しなくてはいけません。

哲学的なもう一つの話は、天皇制は民主主義にとって意図せざる効果があったと話しましたが、今度はリベラリズム、自由ということに対して、君主制が持つ意味をお話します。ヘーゲルに言わせれば、君主制を持つ国は国家の最終形態です。なぜ君主制が必要なのか。立憲君主がいて国民がいるというのは、絶対王政以来の抑圧的な君主が残っていて、市民の自由にとってはネガティヴなものに見えるかもしれない。しかし、そうではない、というのがヘーゲルの考えでしょう。君主がいるおかげで、市民は自由な主体になれるのだ、と。

どういうことかというと、国家システムというのは、個人から見ると疎外された実体です。自分たちを代表する機関であるはずなのに、疎遠で他者性がある。その国家を個人が主体化できるためには、個人が自らの主体性を投影できる場所が、国家の中に確保されていなくてはならない。それこそが、君主なのです。個人は、君主を媒介して主体的な意思を表明する。君主があるおかげで、国家の政治的な行動が、市民にとって、「私たちはかく意思する」という形式をとることが可能になる。君主があるおかげで、市民たちは実質的に政治的に自由な主体になれるのです。これがヘーゲルの論理です。

では日本はどうなのか。ヘーゲルの論理のようになっているのか。天皇制のおかげでこのように政治的な主体として個人が成熟したか。そうなっていないのです。個人が君主のところに自分を投影し、自由意思を表明するとはなっていません。どうしてかというと、それは、戦後の天皇のあり方と関係があります。一方で、戦前への反省もあって、天皇は、日本人の政治的な意思ということから完全に分離され、それに「象徴」という名を与えられた。だから、その「天皇」という場所を媒介にして、自分の意思を確認する、ということをやってはならないのです。それは、日本人の意思とはまったく分離した場所です。しかし、他方では、憲法によると、天皇の象徴としての地位は、日本国民の総意に基づく、とアプリオリに規定されている。日本人がそこに意思を投影してはならないその場所が、「総意に基づく」と決められている。総意を確認されたことは一度もないのに、です。こうしたことのために、ヘーゲルが言った君主制の効用というのは、現在の天皇制には期待できないのです。

これからの天皇制

ではどうすればよいのか。今述べてきたようないろいろな問題をどう解決すればよいのか。これしかない、と僕が思っている天皇制問題の解決法があります。あまり賛成されることがないというか賛否を訊ねたこともほとんどないのですが、次のようなことです。まず、現代の皇室の方々は正直なところ気の毒です。ですから普通の民間人になっていただいた方がいいと思うのです。そうすると、天皇制をやめた方がいいということになりますね。しかし、そうではありません。

はっきり言いますが、天皇陛下を選挙で選ぶのがいい。選挙で選ぶなら天皇陛下じゃないだろう、と思われそうですが、そう思うなら、それでもかまいません。大統領制と一緒なのですよ。ただし、アメリカやフランスのように実質的な権力を持っている大統領ではありません。モデルとして近いのはドイツの大統領制です。形だけの、象徴としての大統領です。国民の統合の印としての大統領です。

僕は、本当はこう思います。形の上でいったん皇族方には民間に降っていただきましょう。その上で、とりあえずは、インフォーマルに、旧皇族の方の中で、その気のある方に天皇に立候補していただいたらどうかと、思います。もちろん、国民の中から選挙で選ぶわけですから、被選挙権を（旧）皇族に限ったらなんの意味もありませんので、あくまでここは、インフォーマルにお願いするだけです。僕の推測では、現状であれば、相当高い得票率でその人が天皇陛下に選ばれます。天皇陛下という言葉がいやなら大統領でもいいですけど、日本人がそれを好むなら、「天皇」という呼称を継続したらどうでしょう。インフォーマルな規約として、代々、旧皇族系の方から出てもらえばいいのではないですか。それは男性でも女性でも構わない。やがて将来、旧皇族で天皇になりたいという人がいなくなったら、あるいはそもそも旧皇族の血を受け継ぐ人がいなくなったら、他の人でもいいではないですか。

ただし、「天皇」という地位は、ある程度の継続性が重要です。それは、日本人の統合や持続の象徴ですから。ですから、任期は、普通の政治家よりかなり長くて構わないと思います。技術的なことだからここで検討することではありませんが、たとえば、一期が五年で、何期も連続できる、ということが一案です（もちろん、高齢になってもう継続できないと思えば、次は立候補しなければよいのですから、前の天皇の退位問題のようなことは起こらない）。ただ、ここは高い支持率が必要です。過半数に近いような得票率の人が長い間やればいいと思います。

僕は必要ないと思いますが、どうしても「万世一系」にこだわりたければ、代々の「天皇」は、前の天皇の「養子」だという擬制を維持すればよい。そうすれば、万世一系性は保たれます。もともと、日本の「家」というシステムの圧倒的な特徴は、養子を自由自在に導入できることです。

先ほど述べましたが、憲法によれば、天皇というのは日本国民の総意によって天皇になっているはずなんですが、僕らはそんな総意を表明したことなんて一度もないんですよ。そう憲法に書いてあるだけです。それよりも選挙でやれば、ある意味で我々の総意を表せる。そうすれば、あらゆる問題が一挙に解決する。現状では、君主がいるのに君主によって国民一人一人が主体化できない。本来、君主というのは、さまざまな意思が投影できるブラックボックスみたいなものです。自分で選んだ君主ならば、そういう機能を期待できると思います。

大まかに言えばこんなところです。これくらいにしておきます。

第六講　「象徴天皇」と「人間天皇」の矛盾――戦後天皇制をめぐって　片山杜秀

目次

「人間天皇」の誕生と「神道指令」

「象徴天皇」と「人間天皇」というのは、戦後の天皇の在り方を考えるときの二大キーワードでしょう。片や昭和天皇の人間宣言によって生まれたもの、片や日本国憲法の条文にある「象徴」という言葉が冠された天皇。しかもこの二大キーワードはすんなりとつながらない。それどころか矛盾するところもあります。その矛盾の果てに、今後の天皇制がどうなってゆくかというところまで、話が及べばと思っています。

人間天皇という言葉は、昭和天皇の「人間宣言」――これはキャッチフレーズのようなものですが、官報号外に天皇の詔として出されたものによります。一九四六（昭和二一）年一月一日の天皇の詔が人間宣言と呼ばれるようになったのです。ご存知の方も多いと思いますが、冒頭から「顧ミレバ明治天皇明治ノ初国是トシテ五箇条ノ御誓文ヲ下シ給ヘリ」と、いきなり明治維新に飛びます。いわゆる官軍による江戸城総攻撃の予定日の直前に、明治天皇が皇祖皇宗に誓ったという五箇条の御誓文。その内容がいきなり出てきます。なぜかというのは、後で申し上げます。

人間宣言と呼ばれる所以は、その詔の次の部分にあります。「然レドモ朕ハ爾等国民ト共ニ在リ、常ニ利害ヲ同ジウシ休戚ヲ分タント欲ス。朕ト爾等国民トノ間ノ紐帯ハ、終始相互ノ信頼ト敬愛トニ依リテ結バレ、単ナル神話ト伝説トニ依リテ生ゼルモノニ非ズ。天皇ヲ以テ現御神トシ、且日本国民ヲ以テ他ノ民族ニ優越セル民族ニシテ、延テ世界ヲ支配スベキ運命ヲ有ストノ架空ナル観念ニ基クモノニモ非ズ」。

この部分を指して、昭和天皇の人間宣言と呼ばれるようになりました。いかにも詔書らしい古風な文体なので分かりにくいかと思います。若干の説明を加えさせていただきますと、私、天皇は国民と一緒にいるものである。常に利害を同じくし、同じ立場でものを考えられる存在として、汝ら国民と――一九四五年八月一五日までであれば、汝ら「臣民」だったでしょうけれど――、距離感のない仲のいい付き合いをしたい。天皇と国民のつながりは、終始相互の信頼と敬愛によって結ばれる。

「単ナル」という言葉が入っているのが意味深というか微妙です。解釈のしようによっては、これで人間宣言と言えるのかともいえそうですが。ともかく、天皇と国民のつながりは終始相互の信頼と敬愛によって結ばれるものであり、神話と伝説に由来するものではない、と書いてあるのです。神話と伝説にも由来しているのだけれども、相互の信頼と敬愛によっても結ばれる、とも読める。人間宣言は、天皇が神や現人神と全く繋がっていないとははっきり書いた文言になっていない、とも取れるのですね。「単ナル」ですから。だとすると、世間で人間宣言と解釈しているのは間違いなのかもしれませんが、天皇自身が人間宣言と理解されることを望んで出した詔ですから、神話と伝説は全否定と言わないまでも、そこにポイントがあるのではなく、あくまで終始相互の信頼と敬愛によって天皇と国民の関係ができると言っていると思えば、それで間違いないでしょう。

その後ろの部分では、現人神的なものを否定しています。天皇は神ではない。「現御神ではない」と言っているのですから。現御神はつまり、この世に現れている神。ですから現人神とほとんどトートロジーですが、はっきり見えているのに人ではない神だとすれば、現御神ということもありましょうか。

ともかく天皇は現人神ではないし、日本国民は他の民族に優越しているものでもない。太平洋戦争で、日本は世界に冠たる国だとしたわけですね。八紘一宇や大東亜共栄圏というときには、日本が少なくともアジア、解釈によっては全世界の指導民族であるとした。世界に冠たる民族だという考え方は江戸時代の水戸学や国学にも入っていました。その延長線上のものの考え方です。万世一系の天皇をいただくことによって、神話と現実が連続して繋がっていていて、そんな国は世界に他にないから、世界最高の国柄だとしたわけです。

これをアメリカやイギリスが真にとれば、日本国民は日本が世界に冠たる国だと本気で長年信じている、そういう神話、宗教を確信している、そして世界を支配すべきという観念を伝統的に持っていると、当然ながらみなすことになる。そういう天皇観や宗教観が日本の基底的事実であり本筋であると連合国側が定説化して前提としてしまうと困るので、そこを人間宣言で否定したい。異議申し立てしたい。江戸時代から山崎闇斎などの儒学者たちが言っていたことの延長線上に明治時代の軍国主義があり、そこで国民へのプロパガンダも行われ、学校教育も行われていたのは事実ですが、それを本筋ではないということにしたい。それが人間宣言でしょう。そこでそういうのは違うんだ、「非ズ」なんだと言う。天皇が神であり、日本が神の国で、世界とは別次元の国家だという観念を、天皇自らが否定している。そして天皇も現御神ではなく、国民と同じ目線、同じ土俵、同じ高さに立っている。つまり、人間だというのです。

　天皇が神だから国民が崇め奉るのではなく、天皇は人間で、尊敬できる人間として存在するから、国民が信頼し敬愛する。天皇も国民を信頼し敬愛する。対等の信頼関係、相互的な敬愛関係が成り立つ。天皇は人間である。こういう話をしているのです。

　ではなぜ、昭和二一年一月一日に天皇がこういう詔を出すことになったのか。戦争が終わったのは昭和二〇年八月。ポツダム宣言を受諾する調印式があったのは九月。それから三ヶ月ほど経て、敗戦後初めての新年です。ここで、アメリカの民主主義、自由主義に見合った国でなければ、今後の日本は認められないと考えたのでしょう。ポツダム宣言でも、日本が軍国主義をやめて、侵略戦争を仕掛けるような状態でなくなるまで占領する、ということでしたから。

当時の日本は、ほぼアメリカ一国に支配されていました。イギリスなどの他の連合国もありますが、主要な戦場ではアメリカ軍と戦ったので、アメリカが大きな犠牲を払った。だから、戦後の日本に対してアメリカがイニシアティヴを持った。よって、占領軍は事実上アメリカ軍でした。アメリカ流の自由と民主にのっとれなければ、日本にもはや未来はない。ポツダム宣言による占領が明ける日が来なくなる。日本としてはアメリカに学び、アメリカそっくりの国にでもなって、占領状態を脱したい。それが当時の日本人の心情です。だから昭和二一年の正月に、天皇が人間宣言を基軸として、そのようなことを国民に対して語った。とりあえず、そんな理解でも構わないでしょう。

でも細かく時系列で突っ込みますと、もっと生々しく具体的な話ではあるのです。人間宣言はお正月だから出そうと天皇が前々から予定通りに用意していたわけではありませんでした。一二月も下旬になってから慌ててドタバタと作り、詔書として出すことになったものです。その理由は占領軍の神道指令なのです。「昭和二十年十二月十五日連合国軍最

高司令官総司令部参謀副官発第三号。終戦連絡中央事務局経由日本政府ニ対スル覚書」。

この内容は、どういうものか。「国家指定ノ宗教乃至祭式ニ対スル信仰或ハ信仰告白ノ(直接的或ハ間接的)強制ヨリ日本国民ヲ解放スル為ニ戦争犯罪、敗北、苦悩、困窮及ビ現在ノ悲惨ナル状態ヲ招来セル「イデオロギー」ニ対スル強制的財政援助ヨリ生ズル日本国民ノ経済的負担ヲ取り除ク為ニ神道ノ教理並ニ信仰ヲ歪曲シテ日本国民ヲ欺キ侵略戦争ヘ誘導スルタメニ意図サレタ軍国主義的並ニ過激ナル国家主義的宣伝ニ利用スルガ如キコトノ再ビ起ルコトヲ妨止スル為ニ再教育ニ依ッテ国民生活ヲ更新シ永久ノ平和及民主主義ノ理想ニ基礎ヲ置ク新日本建設ヲ実現セシムル計画」を連合国軍・アメリカは援助するために、次の指令を発する、としています。

「軍国主義的乃至過激ナル国家主義的「イデオロギー」ナル語ハ、日本ノ支配ヲ以下ニ掲グル理由ノモトニ他国民乃至他民族ニ及ボサントスル日本人ノ使命ヲ擁護シ或ハ正当化スル教ヘ、信仰、理論ヲ包含スルモノデアル」。そしてそういう信仰、理論の肝心要が、「日本ノ天皇ハソノ家系、血統或ハ特殊ナル起源ノ故ニ他国ノ元首ニ優ルトスル主義」とされるのですね。これが神道指令における占領軍の天皇観の基調にある。これに対するリアクションが、昭和天皇の人間宣言なのです。天皇は神でなく、日本は神国だという神がかった観念は天皇とは関係ない、そう強調するために、わざわざ戦後初のお正月に詔を出したわけですね。

　先ほど深く述べませんでしたが、人間宣言の冒頭に、五箇条の御誓文を掲げている。明治維新によって、日本には天皇中心の近代的国家がつくられ、そのための基本宣言が五箇条の御誓文であるというのがひとつの歴史の基本認識であったわけですが、天皇は神がかっているというような話は五箇条の御誓文のどこにも出てきていないでしょう。したがって神国日本の顕現というようなことは明治維新の目標ではない。五箇条の御誓文の最初にあるのは「広ク会議ヲ興シ万機公論ニ決スヘシ」で、これこそが明治維新の一番の目標だ。つまり議会を開いて何でも議会の議論や輿論で決めようと読めますから、これはもう民主主義ですね。明治維新の目標は民主主義の実現であった。それが一番大事なのだ。民主主義的国家をもたらすことが、明治天皇が誓った第一目標である、ということになるわけです。だから、天皇中心の近代国家というのは、民主主義国家を作るのが第一目標だったのだから、占領軍に言われて初めてそれに気づいたのではない。もともとそうだったけれど、どこかでねじ曲がってしまった。昭和天皇は人間宣言でそう言いたかった。

　ではどうしてファナティックになってしまったのか。昭和天皇はなるべく時間的に狭めて考えたい。東京裁判史観につながりますが、軍人のミスリードだったということです。軍人が特に満州事変の後、日本のありようを大きくゆがめてしまったという解釈です。

神道指令的な見解としては、神風特攻やサイパン島や沖縄などのファナティックな戦争の仕方、捕虜の虐待、日本人以外を人間と思っていないのではないかと思われるような事件の数々は、日本が近代民主国家としての適格性を明治維新以来、満たしていないから生じたと考える。天皇中心の神がかった宗教国家としての存在を根底的に改めないと、日本の軍国主義、過激なる国家主義は変わらないという方向を打ち出して、日本を改革しようとしている。

とはいえ神道指令には「神道ノ教理並ニ信仰ヲ歪曲シテ」とありますから、占領軍は神道自体がおかしな、ファナティックな宗教だと見ているわけではないんですね。そこに救いがあるというか、昭和天皇はそこに付け込んで逃げ道を探すわけです。

人間宣言では、天皇や神道は最初から過激な国家主義や軍国主義とつながる回路を持っていたわけではない、その証拠が五箇条の御誓文だ、としています。これは昭和天皇の叫びですね。天皇や神道を免責してくれ、という叫びが、昭和二一年一月一日付で出された詔でしょう。年の瀬に占領軍が出してきた神道指令に反論しなければ、神社を潰し、天皇をなくすことなしに、日本の過激なる軍国主義が改まらない、というところまで行きかねない。それを阻止しなくてはいけない。可及的速やかに反応しておかないと、大変なことになる、ということで、人間宣言が出されたのです。人間天皇の由来でもあります。神道指令に反応して、慌てて「天皇は人間だ」と言った。これが戦後の天皇のありようを定めていくことになりました。戦後憲法の前ですから、「象徴天皇」より「人間天皇」の方が先に誕生したことになります。

丸山眞男の「超国家主義」論——無責任の体系

ここで神道指令に代表されるアメリカ占領軍の戦後最初期における天皇観の表明といいますか、それに対するもうひとつのリアクションとみなせるものに触れておきたいのですが、ひとつの切実なリアクションはただいまご紹介した天皇本人の言葉ですけれども、もう一つ取り上げておきたいというのは、丸山眞男の「超国家主義」論であり、日本ファシズム論です。丸山の有名な論文「超国家主義の論理と心理」が発表されたのは岩波書店刊行の月刊誌『世界』の昭和二一年五月号。昭和天皇の人間宣言よりも何か月か遅れていて、戦後の混乱期の何か月は平時の何年かに匹敵するくらい激動しますので、この違いは大きいとも言えますが、そもそも丸山の超国家主義という言葉は神道指令に出てくる「過激ナル国家主義」のこなれた訳語のつもりで考えられたものでしょうから、これはもう神道指令へのリアクションと考えられるのです。今日の日本語でも言葉の強度を高めたいときに

「超カワイイ」とかですね、あたまに「超」をやたらとつける傾向があるかと思いますが、その起源は戦時期にありまして、丸山もその用法を使っているのです。ナショナリズムに「超」を付けた。

それはともかく、昭和天皇は、人間宣言によって、天皇とは現人神でなく人間であるという理屈を作って、神道指令からはみ出そうとしました。現人神でなく人間で、しかも民主主義を愛する人間なのだと。明治維新もどこも悪くない。五箇条の御誓文に示されるようにそれは議会制民主主義国家を目標としていた！　明治にも大正にもやましいことは何もない。おかしかったのは昭和の軍国主義だけなのだ！　それこそが極端な国家主義の生みの親だ！　それに対し、丸山眞男はどこがおかしかったから極端な国家主義が生まれたと考えたのか。昭和天皇とは違うのです。明治維新そのもの、明治の国家体制そのものに極端な国家主義にならざるを得ない起源を求めるのが丸山の行き方でした。

さて、丸山眞男は当時、東京帝国大学の法学部政治学科のスタッフでした。新しい憲法を占領軍がどのようなかたちで作らせようとするか。そこに東大としては、憲法案を出してイニシアティヴをとって、日本の民主主義化に貢献しよう、そして東京大学の存在感を示していこうとしていました。そういうグループの中にいたのが丸山眞男ですね。もちろん南原繁や宮沢俊義などが中心にいたわけです。

丸山は「超国家主義の論理と心理」で何を言ったか。明治日本は文明開化を気取ったが、実は根本のところでそうなっていない。だからおかしくなる。そういう話の持って行き方です。西洋近代国民国家とは倫理や宗教と政治を分離して成り立つ。いわゆる政教分離である。近代国家にはネーションを支えるエートス、精神と思想があるのであり、それがナショナリズムで、国家主義とも国民主義とも訳せ、近代国民国家を成立させる土台として、人々が共有する価値観をなし、それがないとネーションは持続しませんが、そこに宗教や倫理や道徳を入れると、少なくとも西洋では成り立たない。キリスト教の国でもカトリックもプロテスタントもいるのですから、一色にしようとすると内乱になる。だから宗教抜きのナショナリズムを考えねばならない。

ところが明治国家は、幕藩体制で封建制であったこの国をいきなり大日本帝国として国民国家にするためにかなり無茶をやった。政教分離どころかむしろ政教を強く結合させた。国家が道徳の担い手となる。教育勅語や軍人勅諭で天皇の国への忠誠を国民に誓わせる。天皇は国民の父であるとか、武士にとっての忠義の対象に国民的に相当するのが天皇であって、天皇のためには命も捨てよと教える。天皇による一枚岩国家ですね。そのうえ天皇は神話や神道と結びついた現人神である。こういう理屈で国民をまとめれば、国家主義もカルト化するでしょう。神国の大義に殉ずる。鬼畜米英粉砕だ。国と国とが対等の立場で争う戦争なんて観念はそこから出てこない。何しろ神国なのですから。神に従わぬものに鉄槌を下す。これが日本の戦争になる。やはり国家主義ではなく超国家主義でしょう。

この論法だと、神道や天皇が歴史的・伝統的に存在してきたことに問題があるから、取り除かなければならないという、占領軍の初期の過激な議論と全く同様にも思えてしまいますが、丸山の議論の建て付けはそうなってはいないでしょう。そうデザインしたのは明治国家であるということなのです。明治維新や明治憲法まで遡って修正すれば解決可能である。それがとりあえずの丸山の立場だったと思います。丸山本人はもっと過激なことを考えていたでしょうけれども、東大グループの中での新憲法制定に向けたアンガージュマンのための問題提起であったわけですから、戦後最初期の丸山の超国家主義論は当体グループの意見表明の一翼を担うといいますか、グループの思想として考えられなくてはいけないのかとも思います。

しかし丸山の議論はそこにとどまりません。戦後初期のうちにもっと展開します。「無責任」という言葉がカギになってくる。天皇が現人神だとしても、その現人神的性格は、天皇自らが専制的な権力者やカリスマ的リーダーシップによって日本の国民を導く方には決して行かない。明治憲法は読みようでは天皇を絶対君主と規定しているかのようだけれども、むしろ逆で、実際の明治憲法の思想構造や、実際に明治憲法を作った政治体制は、天皇に力を与えるものになっていない。天皇は国家の頂点に立ちながら、何も決めない。それが当たり前で、責任を取らない、責任から逃れようとする。それがまさに一九四五（昭和二〇）年八月一五日の御聖断と言われるものから分かります。軍部が御前会議で、天皇を補弼する責任を放棄する、という前代未聞の事態が生じたわけです。御前会議の意見が決まらなかったので、天皇に決めてくださいと言ったという。それで慣例を破り、御聖断がくだされ、ポツダム宣言受諾となった。

近代日本の中で、天皇が自らの意思を表明した。下が補弼を放棄したために、天皇が公的に意思を表明したのです。天皇は明治憲法の上では偉いことになっていますが、実際は補弼に従うという構造です。「こうなされませ」と軍や内閣のトップが言うと、天皇は「そうせよ」と言う。これが明治国家体制の天皇のありようでした。だから頂点にいながら、責任ある決定をしない。何か拙いことがあっても、補弼する者に責任があり、天皇には責任がないことになります。明治憲法の制度設計というか運用のデザインがそうなっている。丸山眞男の無責任論の肝でしょう。

明治国家体制において国民は天皇の臣民として位置付けられます。つまり家来です。臣民というのは日本独特の言葉の使い方です。中国では皇帝に仕える「臣」と一般民衆

「民」を指しますが、明治憲法体制では日本人は天皇と皇族以外はみんな「臣民」と言いました。天皇の家来イコール臣民なのです。臣民は天皇を補弼する。どこまでも助ける役である。天皇は補弼されたら、「いや、もっと考えてこい」などと言わないのが原則でした。ましてや天皇は主役かというとそうではなく、皇祖皇宗を奉りお祀りするものである。お祀りするということは、皇祖皇宗に仕えているのであって、神主のようなもの。だから主役ではない。よって天皇は主体ではなく、空虚なものとして設定されている。では、最終責任者はどこにいるのかというと、いない。天皇が臣民の補弼内容の責任を取るような体制になっていないのです。

もちろん、昭和天皇がマッカーサーに対して、自分が責任を負うから、国民を救ってほしいと言ったとか、国民に罪はないと言ったとかいう逸話はあります。それは昭和天皇の心映えとして理解していいと思いますが、明治国家の構造はそうなっていないのです。最終責任者は存在せず、天皇は戦争に負けたら皇祖皇宗に謝る。こういう構造なのです。実際、天皇は伊勢神宮へ謝りに行きました。

こういう体制は、神話を踏まえてはいるけれども、日本伝統の政治思想として続いてきたものではなく、明治政府のフィクションであるところが大きい。具体的には、帝国憲法によって作られたものと言っていいでしょう。自分の責任で物事を決め、失敗したら責任をとって退く、成功したら大きい顔ができる。私が主役である、という形で政治を担う人が出てくるのが正しいという考え方は、徳川時代の荻生徂徠のような儒学者や、明治維新期の福沢諭吉のような洋学者によって、日本の思想史の中で担われてはきたけれども、それがメインストリームになることはありませんでした。メインストリームは常に、物事を考えなかったり、独立した個人とか主体という発想に立たなかったりする方でした。

明治には臣民、天皇、皇祖皇宗という構図の中で、臣民は天皇を奉り、天皇は皇祖皇宗を奉りました。皇祖皇宗はこの世に実体がないから、最高責任者はいない。無限に歴史と神話の彼方へさかのぼっても、どこに責任者がいるかわからない。これが、無責任の体系と丸山眞男が呼んだものです。意思決定者、責任者というものがきちんと立っていない政治システムだということです。

神話の構造を使った天皇中心の近代日本というのは、明治期の新しいアイデアだと考えるのが、とりあえずは適切でしょう。無責任の体系というのは大昔からでなく、明治以来という枠を作って考えた方が、ものが見えてくると思います。この無責任の体系で天皇のありようを作り出してしまったので、戦争の時代に過激なる国家主義や軍国主義というファナティックなものとつながっていったのだ、というのが丸山眞男の見立てになるでしょう。

近代的思惟は明治憲法体制によって発展を阻まれ、主体的に考え行動し結果に責任をとる人々の作る〝正しい近代〟ではなくて、責任を取らない人々の成り行き任せの政治による日本的近代が生まれる。危機の時代にも、誰も責任を取らない、舵取りができない、なりゆきを止められないので、際限なきところまで行ってしまう。つまり、ブレーキがかけられないがゆえに、過激なる国家主義になる。始めた戦争がやめられず、勝てない戦争だと途中で判断して止めることもできず、どう考えても勝てない状況でも、いったん始まったら、最初の勝たねばならないという目標をいつまでもさげられない。だからとんでもない戦争になってしまう。アメリカから見ると異常な国家主義になる。

　責任を持って成り行きを止められる仕組みがない。責任主体が神々の彼方までさかのぼって霞んでゆく。そんな奇天烈な仕組みをつくった明治国家体制に問題があるのであって、神道の問題ではない。明治の国家デザインの失敗だ。ということは、占領軍が「過激なる国家主義」と言って心配したのは「無責任の問題」であって、無責任システムを変えるというのは天皇や神道をやめるということではなく、明治憲法をやめて国家デザインを作り直すことで解決できることになる。だから憲法を変えれば済む、という方向へ行きうるのですね。神道指令とは全く別のところに落ち着きどころを求められてくる。天皇のいる国をやめずとも、天皇の位置付けを変えれば、新時代に対応可能だ、という含みを丸山の議論は有していたでしょう。

昭和天皇は日本のおかしくなった理由を昭和の軍国主義に求めて解決策として天皇の人間化を提示し、丸山眞男は同じことの理由を近代天皇制の主体なき構造に求めて、解決策としては主体ある構造への作り替えを提示したということになりましょうか。そのとき新しい構造に天皇をどう位置付け直せるのか、直せないかについては議論の余地のあるところでしょうが。丸山はもちろん天皇の主体化を望んでいないはずで、主体化するのは国民でなければならない。立憲君主の政治から共和政治へ。そういうヴィジョンでしょうね。

「象徴天皇」の誕生と「天皇機関説」

次に、象徴天皇にまいりたいと思います。象徴天皇という言葉は、日本国憲法第一章「天皇」、その第一条「天皇は、日本国の象徴であり日本国民統合の象徴であつて、この地位は、主権の存する日本国民の総意に基く」。ここから来ています。これは小学生でも知っている社会科教育のイロハのイです。

第四条「天皇は、この憲法の定める国事に関する行為のみを行ひ、国政に関する権能を有しない」。国事行為だけを行い、政治に携わる機能を有しない。非常に天皇機関説的な言葉遣いです。国事行為とは何かというと、第七条にあります。主体的に考えてすることはありません。マニュアル的にやるか、ロボット的にやるもの。たとえば「九　外国の大使及び公使を接受すること」は外交ですが、当たり障りのない会話をする程度でしょう。「十　儀式を行ふこと」の儀式というのはどんな儀式なのか。神道なのか。そうでないのか。政教分離という側面から揉めるようなところですが、ともかく儀式というのは式次第通りにやるものでしょう。今日はこうしたいとか、思い付きの独自アイデアでやるものではない。あとハンコを押すとか。そういうことが国事行為ですね。

　第四条に戻ると、「国事に関する行為のみを行ひ」とあります。ロボット的な国事行為しか行わないのだと強調するために「のみ」が入っているのでしょう。「象徴天皇」とは、天皇の存在は意思なき装置だと強調したいがための言葉と言えると思います。

　すると、どうしてこういう概念が必要とされたのかということですけれども、占領軍の中でも、天皇制を廃止するという考え方は弱まっていき、天皇制を維持した方が日本という国を統治しやすいということになっていった。では、天皇をどのように憲法で定め、戦後に残すのか。そういうときに、「象徴」という言葉が出てきました。ともかく天皇というものを、具体的に何かを行う人間存在とは考えていなさそうな概念が象徴です。天皇の人間宣言にあった、信頼と敬愛を国民との間でつくるということは、見方によっては、天皇が戦後民主主義のリーダーになるというようにも拡大解釈できます。しかし、民主主義国家で君主的なものがいるというと、やはり立憲君主でしょう。象徴天皇を立憲君主と言えるのか。これも議論のあるところですが、広義で考えれば立憲君主の一形態と考えてよいのではありませんか。しかも戦後憲法の条文だけに接すれば、最ももの言わぬ立憲君主であることが期待されているのではないでしょうか。「象徴」であって国事行為のみを行う存在。必要最低限のこと以外は黙っていて、国事行為の時以外は皇居に引きこもる。言葉は悪いですが、やはり繰り返し申しますと、ロボット的な存在としての天皇、ということでしょう。占領軍が心配していたような、宗教と結びつきファナティックに国民を動員する天皇像はそれだと出てきようがないでしょう。政治に口を出すこともなく、ロボット的に国事行為のみをする、宗教的ニュアンスが消えたシンボルですね。シンボルは生身を感じさせず、この場合は宗教的でもないと一般的に考えられる。天皇を残しつつ天皇に占領軍が警戒する要素を消せる。占領軍としては象徴天皇とは天皇を残すためのひとつの落とし所ではなかったでしょうか。

ということは、戦後憲法の象徴天皇というのは、明治憲法における天皇機関説的な天皇解釈と親近性があるということです。明治憲法の天皇を解釈する重要学説が美濃部達吉によって代表される天皇機関説ですね。その意味するところは、天皇は意思なき空虚な機関ということでしょう。典型的に「君臨すれども統治せず」なんですね。実質的、能動的には何もしない、明治の終わりから昭和一〇年ごろにかけては、国家も明治憲法の解釈として一番適切だとして認めていたのが、この美濃部流の天皇機関説でした。天皇は何もしなくていい、意思は国民が作るのだ。天皇はただいるだけ、ということを前に進めると、戦後憲法が発明した象徴としての天皇に至るでしょう。美濃部学説における天皇は、戦後憲法における象徴天皇の前座になっているのです。

「人間天皇」と「象徴天皇」の関係性

そう考えますと、人間天皇と象徴天皇の関係はどうなるでしょうか。この二つが、どう矛盾するのかを確認したいと思います。矛盾するにもかかわらず、持ちつ持たれつの関係にもなっているというのが、人間天皇と象徴天皇の関係だと言えると思います。

人間天皇の根拠について再度お話しすると、天皇は現人神ではなく、「朕ト爾等国民トノ間ノ紐帯ハ、終始相互ノ信頼ト敬愛トニ依リテ結バレ」と昭和天皇自ら述べていました。ここに人間天皇論のポイントがあります。信頼と敬愛の関係を相互的に作り出さねばならない、作り出し続けなければならない、ということになると思います。天皇の側からも国民に歩み寄り、人間的パフォーマンスを絶やしてはならないということです。絶やしたら、相互の信頼と敬愛を保つことができなくなるから。これが、平成の天皇、現上皇に受け継がれるもので、旅をし、国民とのふれあいの行事を行い続ける根拠になっています。

もし、天皇が神であれば、天皇が姿を現さなくても国民が天皇を信頼し、敬愛し、信仰することができます。神としてパフォーマンスをしなくても、信仰が揺らがなければ何もしなくていい。しかし人間だと、五年も一〇年も姿を現さなければ、「偉い人だね」とは国民は思いませんね。「なんで出てこないんだ？ いつも病気だとか言って、国民に言葉もかけないし、敬愛できないな」なんて言われるとだめなのです。これが人間天皇、人間皇族のありようということになります。

ところが、象徴天皇として「憲法の定める国事行為のみを行う」ということに忠実に振る舞うとすると、形式主義的、ロボット的、自動的に振る舞うこと以外、何もすべきでないということになります。国事行為というのはただ、署名してハンコを押し、定型の挨拶をして、勲章を授与するという、ロボット的なものだけです。相手によって違うことをしてはいけないのですね。したがって、人間的パフォーマンスをするのが「人間天皇」だという話と、努めて人間性を殺していくという「象徴天皇」というのは矛盾します。ここがポイントだと思います。

戦後憲法に殺し文句があります。第一条「天皇は、日本国の象徴であり日本国民統合の象徴であって、この地位は、主権の存する日本国民の総意に基く」。つまり、象徴である地位は、国民に承認され続けねばならない。意思とは「形式」でなく「思い」なので、日々刻々と変化するもの。常に、それに基づき続けなければならない。そうでなければ、象徴の地位は保たれない、と解釈されます。だから、相互の信頼と敬愛なくして、日本国民の象徴としての天皇は持続できない。天皇が姿を見せずに象徴であり続けられるかといったら、常に民意が問われる中ではそうならない。国民の思いを持続させるためには「相互ノ信頼ト敬愛」を保たねばならない。人間同士の信頼や敬愛は、社交・交際で生まれるので、天皇の人間的アクション、パフォーマンスが必要となるのです。こういうふうに相矛盾する「人間天皇」と「象徴天皇」が部分的にかみ合って歯車を回し、持ちつ持たれつになっているのですね。

ここに象徴と人間という水と油をつないでしまうアクロバティックな回路があるのです。実際問題、昭和天皇と平成の天皇はまさにこの象徴天皇と人間天皇をセットにするという思想に基づき、行動を起こした。昭和天皇によって行われ、昭和時代の皇太子、つまり平成の天皇、令和の上皇によって発展させられたと理解すればいいと思います。

次に「象徴天皇」＋「人間天皇」の展開についてです。敗戦後の天皇の巡幸というのが、戦後民主主義の天皇と国民のふれあい、まさに人間宣言に見合ったことの実践ですね。人間宣言が昭和二一年一月一日。翌月二月には神奈川県、東京都、三月に群馬、埼玉。同年中に千葉、静岡、愛知、岐阜、茨城。一九四七（昭和二二）年は夏場から冬にかけて動きました。一〇月は特にハードスケジュールです。一週間から二週間にかけて、ずっと旅に出ている。計画的に全都道府県を回ろうとしたわけです。

一九四八年は行っていません。東京裁判の判決が下りるナーヴァスな時期だったからです。東京裁判で天皇の戦争責任が問題とされるか否か。何しろ天皇は日本の陸海軍の頂点に立つ大元帥陛下です。補弼する内閣総理大臣や陸軍参謀総長や海軍軍令部総長がいたとしても、天皇の名において戦争を始めたのであれば、天皇に責任がないという結論で東京裁判が終われるのか。当然そういう考え方はありました。戦後初期の日本では社会主義、共産主義の勢力も強かったですし、天皇というものをなくし、共和国に変えていくことを希望した日本人もたくさんいました。東京裁判の判事の中にも、ヒトラーやムッソリーニに相当するのは東条英機ではなく、天皇だと見る人もいました。丸山眞男的な無責任の体系で理解したとしても、東条英機がトップで彼に全責任があるという図式は成り立たない。天皇をセットにして責任を取ってもらわないと戦争裁判にならない、という議論もありました。

一九四八年は、そういう議論がすべて終わるという年だったので、天皇は動けないわけです。背広に帽子をかぶり、国民に声をかけるという、戦後にふさわしい天皇の姿を見せるために巡幸をしたわけですが、一九四八年は巡幸には出ず、東京裁判を見届けました。

東京裁判における歴史観というのは、日本の近代そのものがファナティックなのではなく、侵略主義的でもなく、昭和初期までは普通のナショナリズムの近代国家として歩んでいたというものでした。世界大恐慌くらいから、軍人やファナティックな政治勢力が台頭し、ファナティックなイデオロギーを振りまき、日本は世界に冠たる特別な国で、アジアの盟主としての資格があるとし、欧米諸国を打倒しても当然だというような考えになっていった。昭和二〇年につながるその影響力は、主には満州事変の起きた昭和六年以降にできた流れで、それが国を誤らせ、天皇や国民を辛い目に合わせた。日本をその道に導いたのは限られた軍人と、そこに寄り添った政治家・官僚であって、彼らがA級戦犯として責任を取れば、他の国民は免罪されるという構図だったのです。その構図をもっともらしく見せるために、人間天皇と象徴天皇の不思議な新しいセットも役立ったことでしょう。

昭和天皇は東京裁判のかたがついた後、一九四九（昭和二四）年に九州へ巡幸。一九五〇年には四国へ。九州、四国が後になったのは理由があります。船や飛行機に乗らなければばならないからです。飛行機は今よりも事故に遭う確率が高かったですし、瀬戸内海は交通の要衝で、海軍基地などもあったので、機雷などが戦中に米軍によってばらまかれていました。その爆発物処理は昭和二〇年代後半までかかりました。昭和二五年に巡幸が実現したのは、その掃海がある程度済んだからです。

それから一九五一（昭和二六）年になって京都、奈良、滋賀、三重。これらは天皇家ゆかりの場所ですから、巡幸としては後回しです。一九五一年一一月というと、サンフランシスコ講和条約が結ばれて、発効はしていませんが、事実上、占領時代が終わることが決まったとき。その上で巡幸しているのです。一九五二、五三年は動いておらず、一九五四（昭和二九）年に北海道。これで当時の全都道府県への旅が一段落しました。沖縄は日本に返還されていませんから含まれていません。北海道が最後になったのは、やはり船で渡るのがリスキーだったからです。戦争末期に米軍によって津軽海峡には浮遊機雷がばらまかれていた。瀬戸内海と同じ危険性があったわけです。

昭和天皇と国民との触れ合いは、この巡幸が最も大きなトピックですが、他にも天覧相撲や天覧野球、博覧会や植樹祭などの式典など、いろんなところに天皇が顔を出しました。天皇誕生日や正月には、国民の祝福を受ける。いろんなことが込みになって、天皇が国民と相互的な信頼、敬愛関係を結ぶことになっていくわけです。これが人間天皇の仕事で、それによって象徴天皇として国民の総意に基づき、戦後日本に天皇がなお存在することへの文句や異議を懸命に減らしてゆこうとしたわけです。

こういう昭和天皇の振る舞い方を、少年時代から見ていたのが平成の天皇です。皇太子として、天皇の名代として、私的なことでも市中に出て行き、一般国民と触れ合うことを繰り返し、さらにご成婚の後にはパレード。これも触れあいの儀式でした。そして、結婚後は夫婦で動く。昭和天皇の時代は、皇后が一緒に出てくるのは適切だと思われなかった時期も長かったのですが、戦後民主主義では男女同権です。選挙権が女性に認められたのは戦後で、女性代議士が誕生するのは昭和二〇年代のことです。こうした新しい社会状況を昭和三〇年代に入って皇太子夫妻が体現しました。女性は家にいるのではなく、「夫妻」で動くことで、戦後民主主義的、男女同権的、しかも家庭的な、時代に相応しい姿を国民の前で見せる。

平成の天皇は、昭和の時代に皇太子として前向きに行動し、平成に入ってからはなおいっそう国民の前に姿を現して国民と共感共苦し、しかも皇后と共に振る舞うというスタイルを持ちました。平成の災害時には、阪神・淡路大震災と東日本大震災をはじめ、被災地に天皇・皇后が出向き、被災民と触れあう。そうすることで国民との信頼と敬愛による関係を築き、人間天皇として揺るがない姿をつくって、戦後民主主義の中で象徴天皇として存在するという、昭和天皇の回路をなぞったのです。昭和天皇の戦後の戦災見舞いの全国巡幸とパラレルな、平成の災害お見舞いなのです。平成は信じられないほど多くの災害が続きました。地球環境の問題ですから、令和になったから収まるものではないと思いますが、ともかく昭和天皇のやったことを、平成の天皇が受け継ぎ、人間天皇のパフォーマンスを高めました。

平成の天皇に対し、昭和天皇は戦争の影をいくら戦後に変えようとしても限界がありました。一九四五年まで現人神として存在していたことを知っている人たちが、愛憎相半ばする形で、人間天皇を名乗る昭和天皇を見る、触れあうというところに、独特な感触が生まれていました。神的な性質をなくしたといっても、背広姿で現れるのは同じ人です。これによって昭和天皇のある種のカリスマ性が、戦後も保持された側面があるでしょう。現人神だった人だからこそ、ありがたい。その分、戦争の記憶を直接的に背負っていて、どこまで行っても戦争責任を問われるわけですね。

皇太子だった平成の天皇も生まれたのは昭和八年ですから、現人神の一族として終戦まで育っているわけです。戦争の記憶がのしかかっています。しかし、昭和天皇とは別次元ですね。昭和天皇は玉音放送をし、御聖断を下したけれども、開戦を止めることはなかった。自分で決めないものだという明治国家以来の天皇のあり方を見習ってきたわけです。それを考えますと、どうしても戦争の影を背負い続けた昭和天皇に比べ、平成の天皇はその影を払拭し、戦後民主主義と純粋に共にある人間天皇であり、象徴天皇。終戦直後と比べ、現在は天皇はいてはいけないと考える人は減ったと思うのですが、それは昭和天皇が負った暗い歴史の影が消えているからでしょう。

とはいえ、平成の天皇には昭和天皇の子として、戦争への反省の思いが強くありました。矛盾のある人間天皇と象徴天皇というものを、いかに円滑につなぎ、両方の回転をとめず、戦後民主主義と天皇の相性を保ち、深めて守っていくか。これを考えたのが平成の天皇の時代であったと思います。

平成の天皇の「おことば」をめぐって

次に、「象徴としてのお務めについての天皇陛下のおことば」に触れてゆきましょう。皆さんも記憶に新しいと思いますが、この「おことば」というのは実に、昭和天皇の子である平成の天皇が、どう自分が振る舞わなくてはいけないかを、いかに徹底的に煎じ詰めて考えてきたかが反映されています。そこには皇后のものの考え方が、深く反映しているとも理解されていますが、ともかく、天皇の言葉として聞くとしましょう。

「おことば」は平成の天皇が象徴天皇として、天皇らしく振る舞うことについてどう考えているかを、ビデオメッセージとして国民に下し置かれたものということになります。国民とはあくまで対等な信頼、敬愛の関係ですから、メッセージをくれたと理解すべきでしょうが。夏休みやお盆があったためだと思いますが、平成二八年八月八日にこのメッセージが出されました。これは昭和天皇が玉音放送をした八月一五日の一週間前の日づけです。しかも、ビデオメッセージなので、広い意味での放送ですね。玉音放送も録音でした。だから「おことば」も玉音放送なのですね。父君をすごく意識していることがわかります。

「おことば」は「戦後七〇年という大きな節目を過ぎ、二年後には、平成三〇年を迎えます」と始まりますが、ここでは「戦後七〇年」、一九四五年を起点にして、平成の天皇は考えているのです。「おことば」が平成の始まりでなく、戦後を意識していることが重要なポイントの一つだと思います。社会は高齢化しましたが、天皇も「八〇を越え」、手術を受けたりして体力的に大変だ、というのが冒頭部分です。ここに着目すると、高齢だということが一番のポイントのように読めるのですが、そうではありません。象徴天皇は人間天皇としてのパフォーマンスを絶やすことができない、ということが、この「おことば」のメッセージなのですね。

天皇が国民と信頼と敬愛の関係を築くためには、国民の暮らしの場に入っていかなくてはいけない。「遠隔の地や島々への旅も、私は天皇の象徴的行為として、大切なものと感じてきました」とあります。象徴であるためには、人間的に旅をしなくてはいけないのですね。全国へ皇后と旅をして、信頼関係を築いてきた。それをしてこそ、戦後の象徴天皇という無機物のようなあり方に血肉を与えて、国民から天皇がいてもいいと思われる。

国民の深い信頼と敬愛を日々保っていくためには、人間天皇としてのパフォーマンスを日々し続けることが、戦後の天皇の行動の原則なのだといい、ここで初めて、高齢化や病気の問題が出てくるのですね。高齢になったので、それがやりにくい。遠くへ行けなかったり、スケジュールを詰められなかったりすると、象徴天皇としてすごく大事なことの一つである旅、災害のお見舞いができなくなる。そうすると、人間天皇のパフォーマンス力が弱まり、国民の総意も弱まると解釈できる。ならば、ちゃんと動ける人が天皇をしなくてはいけないから、ここで初めて、高齢の人が戦後の天皇を務めるのは好ましくない、という話になるのです。

天皇のつとめができなくなったら摂政を置く、という仕組みが現行憲法にも残っていて、だったら皇太子が摂政になればいい。実際、昭和天皇は大正天皇の摂政になっていたのですから、決まっているとおりに、崩御まで天皇は辞められないものだ。辞めたいというのはわがままだ。こういうことであれば、法律や憲法の解釈を変えなくてもいいのですが、平成の天皇は異常なまでのこだわりを示しました。なぜかというと、摂政は皇太子であり、天皇ではないからです。天皇ではない人が人間的パフォーマンスをしても、人間天皇ではない。人間摂政にすぎない。人間天皇が元気であればあるほど、象徴天皇の基盤も固まるのです。摂政ではそこからずれてしまう。天皇の名代の摂政だからいいという捉え方もありますが、やはり天皇本人がやっているというところに、限りない意味を令和の上皇は見いだしていたからこそ、このメッセージになっているのです。

だから、天皇を退く。上皇という、明治憲法体制以降は存在しなかったものになって、皇太子に位を譲る。つまり譲位ですね。ともかく、平成の天皇は譲位し、令和の天皇が即位するという流れを私たちは見たのです。

先に進みましょう。平成三〇年の天皇誕生日にも、「おことば」がありました。災害にも触れましたが、語った内容は戦争に比重が置かれています。平成の天皇は終戦を一一歳で迎え、立太子礼を挙げた翌年にサンフランシスコ平和条約が発効し、我が国は国際社会の中で一歩一歩と歩みを進め、平和と繁栄を築いた。やはり平和が大事なのですね。そして奄美群島、小笠原諸島、沖縄の復帰。取り上げられた日本の領土が日本に帰ってくる。

特に沖縄ではあれだけ大きな戦闘があった。復帰したけれども今でも多くの問題があります。米軍基地がありますし、どうしても日米戦争の傷痕とその後の国際環境の中での沖縄が、戦略的要地として存在し続けている。沖縄は第二次世界大戦で、とりわけ傷の深かった日本の領土です。天皇は、沖縄の人たちが耐えた犠牲に心を寄せていく、としました。沖縄が、一番大きく引き裂かれた部分なので、そこを合わせていくということが平成の天皇・皇后に課されたことだという思いが表れている気がします。

そして、災害についても強く大きく触れます。平成は戦争ではなく災害に特徴付けられた時代だといってもいいでしょう。しかし、平成の天皇が退位目前になって特徴とするのは、「平成が戦争のない時代として終わろうとしていることに、心から安堵しています」。さらにサイパン島、ペリリュー島の話が出てくる。陸海軍の統帥者としての昭和天皇を父に持った昭和八年生まれの皇太子、そして天皇になった人物として、親ができなかったけじめ、人間天皇としてのパフォーマンスを徹底的に見せることによって、まさに戦後の決算を行い、民主主義、平和主義の戦後日本に寄り添い、象徴天皇としての天皇のありようをより強固にしようとしたのが、平成三一年間の歴史だったろうと私は思います。それが今の上皇・上皇后の深い思いであろうとも推測します。

その後、災害、障碍者、外国人、家庭、という順番で触れられてゆきます。特に「明年四月」からのくだりでは、天皇は旅によって人間天皇らしくなるのだという、上皇と上皇后の思想がひしひしと伝わってきます。「振り返れば、私は成年皇族として人生の旅を歩み始めて程なく、現在の皇后と出会い、深い信頼の下、同伴を求め、爾来この伴侶と共に、これまでの旅を続けてきました。天皇としての旅を終えようとしている今、私はこれまで、象徴としての私の立場を受け入れ」、――すごい表現ですね。生身の人間である自分を指して、私は象徴です、とはなかなか言えませんが、ここでは言っています。象徴という抽象に、人間天皇という具象をはめてきた、そういう、ものすごい自信だと思います。人間天皇が象徴天皇を吸収できたという自信です。「象徴としての私」というのは、大変な名文句だと思います。

昭和天皇を受け継ぎ、発展させてきた平成の天皇の振る舞い方は、「日々変わりゆく社会に応じつつ道を歩んでいく」。これも旅でしょう。子どもたちである皇太子、秋篠宮も旅をするでしょう、ということでしょうが、自分で自分の道を開いて、その道を旅していけといっている。「日々変わりゆく社会に応じつつ」ですから、平成の天皇、昭和の皇太子は、戦争、平和、戦後民主主義、平和主義、憲法九条的価値観、戦争がない世界という敗戦の反省の問題を前面に立てて、パフォーマンスしていくことが不可欠であり最大の使命だったわけです。

しかし長い時間がたった。昭和八年生まれで敗戦時に一一歳だった人が、八〇代後半になった。ということは、昭和の皇太子、平成の天皇と同じ時代を経験して、戦争への反省が戦後日本の問題だということを考えている世代が、もう終わってきている。つまり、形骸化してきている。そうすると、この先はどうなるか。平成の天皇と同じパフォーマンスをして、反戦、平和を掲げ、サイパンや沖縄に訪れ、戦没者への弔意を示しても、国民も天皇も戦後生まれで世代が違うため、効果的なパフォーマンスにならない。令和の人間天皇のありようは、平成の天皇のようには定められないわけですね。戦争に関連して前に進もうとしても、昭和天皇や平成の天皇ほどの説得力を持つのは難しい。令和の人間天皇は違ったあり方を探求しなくては上手くいかないだろう。

そもそも、矛盾が多い人間天皇と象徴天皇を上手くかみ合わせられたのは、戦後の天皇が戦争の時代の天皇像をまさに人間的に反省し続けたからだと思うのです。それだからこそ人間天皇は象徴天皇として存在してよいのだと国民に承認され、象徴天皇として居続ける権利を更新してこれた。そういう技が令和以降の天皇に使えるかというと、たぶん使えないでしょう。戦争からあまりに時間が経ってしまったからです。天皇の存続のためにはいろんなことを考え直さなければいけない時期に来ているのです。

昭和天皇と令和の上皇は、なぜ象徴天皇であるために、人間天皇でなければならないという思いを強くしてきたのか。それは、戦争がらみの、非常に具体的な時代と世代の問題から、初めて説明が付くことなのだと思います。そして平成の天皇は敗戦からものを考える最後の大思想家であったとも感じます。一九三三（昭和八）年生まれで、一九四五（昭和二〇）年に一二歳。日本が独立を回復する一九五二（昭和二七）年に一九歳。この天皇が背負ってきたものが、今見てきたような歴史です。

　ところが平成末期に至ると、この歯車のかみ合う時間的限界が訪れる。一九三三年生まれなので、平成最後の年には八六歳。戦争を正面から受け止められる下限が、八〇代後半以上だとすると、政治的、社会的、経済的に、日本の社会の中で働ける世代ではなくなっています。政治家ですらそんな人はいませんね。大嘗祭問題を秋篠宮が発言して、社会的な反応がおかしかったということがありました。一九四五年を起点に考えるという思考に、国民の反応がなくなってきているというのが平成後半以降だと思います。

　平成の終わりの時期には、右派も左派も、第二次世界大戦を基準に考えるという思考方法が変わってきました。右翼・ナショナリズムも変質している。第二次世界大戦を起点にするのではない考え方が、安倍政権を支えるような人たちの間にもある。戦争への悔恨や怨念のようなもので考える人がいなくなっている。一昔前までは、右翼、ナショナリスト、愛国者というのは、そのような考え方の人が多かったのですが、いまでは違ってしまっているのです。

「象徴天皇」と「人間天皇」の「蜜月」の終わり――令和期

次に、「象徴天皇」と「人間天皇」の「蜜月」の終わりとしての令和期、という問題に触れましょう。平成末期、平和と民主主義をパフォーマンスの旗印としてきた一九三三年生まれの平成の天皇のスタンスが、求められる人間天皇像を担いきれなくなる。だから次の時代に相応しい人間天皇のパフォーマンスを令和以降に上皇は託している。けれども、戦争を経験し、父の後ろ姿を見ていた上皇だからこその「人間天皇」としての説得力は、令和以降には求めにくいであろう。象徴天皇と人間天皇の危うさを含んだかみ合いによって回ってきた戦後天皇制は、「戦後」のリアリティの喪失と共に一区切りし、不安定期を迎えている。焼け野原となってしまった敗戦による「戦後」を起点にして七〇年、八〇年が経ってしまうと、やはりリアリティを失ってしまうのですね。一人の人生に収まらないくらいの長い時間だと、歴史の言葉には残っても、生きた体験から痛切に感じる思想としての歴史というか、肉体化して語れる歴史より長くなってしまう。そこからはみ出してしまう。

原爆を落とされた日のことを覚えている、という人が、平成にはたくさんいました。でももう、今はそう多くはございませんでしょう。一〇〇歳でも現役で働き元気ならば可能でしょうけれど、そんな人は例外です。いくら長寿化したと言っても、現役かどうかは別問題です。だから、「戦後」はリアリティを失うと言わざるを得ません。

そうすると、象徴天皇と人間天皇という、本来理屈で考えれば矛盾しているものが、いままで説明してきたような歴史的事情によってかみ合う時代は終わりつつある、または終わった、といえるでしょう。日本国憲法以降、昭和天皇の人間宣言以降の、合わせ技としての天皇のありようは、不安定期を迎えていることになります。

では今後、どうなるか。大した話ではありません。一つの可能性は、象徴天皇を徹底させて人間天皇でなくなる。つまり、いるだけになる。たとえば藤島泰輔という作家がいました。彼は令和の上皇の、学習院時代のお友達の一人です。特別に選ばれて御所にいつも遊びに行くようなご学友ではないのですが、藤島は、上皇の青年皇太子時代を学習院で身近に接した人としての目線で『孤獨の人』という小説に書くという、まさに大胆な創作をして有名になりました。

その藤島の皇太子観というのは小説『孤獨の人』のときは、まさに人間皇太子を理想としている。素直に正直に振る舞えず、自らをヴェールに包んでしまう皇太子にもっと人間らしく振る舞えと、心の内で叫ぶ。それが『孤獨の人』における藤島の立ち位置です。その後の皇太子から上皇に至る道は、藤島への返歌であったのかと考えたくなるほどです。

　ところが藤島の皇太子観・天皇観はその後、変わるのです。天皇は象徴天皇として別世界にいる人のようであるべきで、人間天皇として平民的感覚で表へ出てくることを繰り返しては、結局、天皇に傷が付き存続に関わるというものです。そういう危機感を持ったのですね。天皇が国民とフラットになるということは、愛されもするかもしれないが、ひとつ行動を間違えると、憎まれ嫌われる。お友達感覚ですから、可愛さあまってなんとやらに簡単に逆転してしまう。そうならないためには常に大変な配慮が必要で、要するに並の人間には人間天皇や人間皇太子は務まらない。象徴に徹して余計なことは何もせん方がええ、ということです。同様のことはいろんな人が言っているでしょう。退位の時に諮問会議のようなものができましたが、そのときもゲストとして呼ばれた人の中には、そういう人もいたでしょう。人間天皇としての振る舞いにネガティヴなスタンスを取ろうとした人もいました。

　しかし、象徴天皇を令和以降に徹底することによって、国民の総意を保てるかというと、国民がそういう純粋な象徴天皇にいてほしいと願うエートスがないといけません。そんなものがあるのでしょうか。やはり今までの議論のように人間と象徴の両輪を回し続けないと無理ではないか。象徴天皇を徹底すれば上手くいくものでも、逆に人間天皇を徹底すれば上手くいくというものでもないのではないか。人間天皇の新たな探求については、上皇が頼ってきた戦後民主主義、平和主義の価値は、それが生まれた時代の精神によって支えられなくなってはいるものの、「世代を超えた価値」としては依然国民に納得度を保っているのだから、そこに棹さし、さらに今上天皇のアピールできる新たな「人間天皇」像を加味していけば、それなりに、人間天皇と象徴天皇をかみ合わせて回していく、昭和天皇、平成の天皇がやったことを続けていくことも可能かもしれない。

　けれどもやはり、戦争体験など、大きなものを背負うということでなくては、人間天皇のリアリティを得にくい。戦争はそもそも天皇と結びついていましたが、平成の災害は天皇と結びついているわけではありませんでした。特に今上天皇が災害と天皇をアピールしたとしても、戦争に対する責任、反省ということに取り組んだ父、祖父のようにはいかないと思います。

　そうすると、家族主義、マイホーム主義、奥さんを守る、というような一つの模範を天皇家が示して、国民全体の模範になるような方法があるでしょう。女性が大事だとか、男女差別をなくすとか。特に皇后についてはさまざまな問題があったわけですから、心が弱っているときにそれを苛めて叩くようなことは、まさに現代の問題に重なります。それに対する強いメッセージを天皇として出したりすれば、まさに、家族を守る――日本人は家族国家という言葉がありましたが――、ひいては日本人全体を守るイメージにつながるような存在になれるかもしれません。自らの身を修め、家をきちんとすると、国も世界も治まる、というのが儒教の伝統的価値観ですから、家庭を出発点として、リアリティのある人間天皇をつくっていくということは、今上天皇に相応しい道だと僭越ながら考えます。他に小生のような凡愚には思いつきません。これが上手くいかないと、天皇制の存続に関わっていくことになると思います。難しくなっていくことがあるでしょう。

　いずれにしろ、天皇は長く続いているように見えますが、近代国家の中心に、仮に天皇のポジションを置かれた、と考えると、明治天皇以来たった五代、象徴天皇となってからはたった三代です。すごく短い。近代の中でつくられてきた天皇の姿というものを強調したほうがいい。あまり神話・古代に遡ると焦点がぼけると思います。だからといって戦後という近視眼的な見方ばかりをするのもいかがなものか、と私も思いますが。

これからの天皇制――「天皇」か「将軍」か

　では、結びであります。そもそも「無責任」から「象徴」へ、要するに実質的な政治責任は取らないが頂点に君臨する天皇像はどこから生まれたか。丸山眞男や本講座の大澤真幸先生のお話にも「空虚」というものがありました。その延長線上で「象徴」について話されています。近代の文脈で説明しようとすると、明治憲法下での天皇主権説では、天皇は強いリーダーシップを取って自分で決める存在だと言っているようだけれども、実はそうではない。行政や軍がリーダーシップをとっていて、天皇はだまっていてうなずくだけというのが、天皇主権説でもかなりイメージされているわけですね。本当に親政でないと、という意見もありますが。天皇機関説では天皇は傀儡。美濃部達吉流の天皇機関説の場合は、国家の意思は国民が選ぶ議会がつくり、その国民の意思が天皇の名のもとに発令されるというかたち。だからやはり、天皇は何もしないものである、ということです。

　戦後憲法では象徴。国事行為以外はしない。極端に言えばロボット的なものとして位置づけられている。人間天皇としての昭和天皇以来の演出が組み合わさるから、血肉がつきますが、戦後憲法だけを純粋に捉えれば象徴です。いずれも天皇自らが積極的にリーダーシップを取ることはイメージしていません。戦後憲法では政治に関係することは強くだめだとされています。明治憲法ではそうではありませんが、実質的にはしないことが想定されているということです。

この「無責任」の起源は、「遠視眼的」には神話にありますが、「近視眼的」には岩倉具視と伊藤博文の天皇デザインにある。岩倉と伊藤にとっての理想の天皇は、ものを言わない天皇です。そのように明治国家の中で設定しなければならなかった。なぜかというと、幕末の孝明天皇は実はものすごくものを言った天皇だったのです。退位を武器に政治闘争を続け、幕末政局の混乱の源となった。つまり攘夷を実行せよと強く幕府に迫り、それが通らないと退位すると言い出す。退位されると混乱するし、天皇をやめさせた幕府はけしからん、ということになって困る。だから孝明天皇の言うことを聞こう、という流れになる。退位をカードに切って、孝明天皇は政治をしていたわけです。これに幕府も困りましたが、いわゆる倒幕勢力の公家や長州・薩摩も困ったわけです。孝明天皇は政治的な決定権を持とうとするので、気に入られた政治家が政局の中心にくる。最終的にそこに嵌まったのが徳川慶喜だったわけです。慶喜がいいということになれば、薩長の出番はありません。慶喜なら無理のない形で攘夷をしてくれそうだということで、孝明天皇は信頼していたわけですね。

　だから、孝明天皇のような天皇が出てくると、自分たちの好きなようにできなくなって困るということで、長州の伊藤博文や公家の岩倉具視は、天皇はなるべく黙っているようにしたのです。そして退位を武器にして政治批判することのないように、辞められないようにした。これが崩御するまで辞められないという仕組みです。ついに平成の天皇が覆したわけですが。

そして、天皇に成り代わるものを作らないようにすることも、二人共通の考えでした。武家の頭領という将軍が実際の政治の頂点で、徳川幕府はその仕組みを推し進めました。一応将軍というものがいたといえば、鎌倉幕府からずっとそうですね。途中、建武の新政や豊臣秀吉の関白政治などがありましたし、室町将軍が織田信長によって京都を追い出された時期などもあり、将軍による支配が抜ける時期がありますが、長い目で見れば平安時代の藤原氏の時代から徳川幕府まで、天皇は摂政、関白、征夷大将軍、上皇によって、実際の権力を奪われています。天皇はただいるだけになっていた。

天皇はあくまで、絶対的存在で代わりはいないのだけれども、将軍のようなポジションの人が現れて、天皇の存在が忘れられてしまうような時代が戻ってきてはいけない、というのが明治維新の王政復古の精神です。将軍が出てこないようにするというのはどういうことかというと、権力集中を忌避する国家デザインをすればいいということになります。つまり、天皇に権力を集中するように見せながら、下の補弼によって実際の政治をするということにした。王政復古と文明開化を両立させるのが明治国家のデザインですから、三権分立のような西洋近代の国家システムを取り入れる。軍隊も分けてしまう。実働の軍隊は天皇直属の形で、内閣や議会に支配されない。こういうシステムを明治国家がつくったのです。

そうすると、軍の頂点になっても内閣総理大臣にはなれないし、議会で与党になっても総裁が内閣総理大臣になれるとは限らない。政党内閣の時代もありますが——政党のリーダーを首相にした方が、国が上手くいく、ということで、原敬から犬養毅まで政党内閣の時代がありました——内閣の中でも、内閣総理大臣の力は今よりもずっと弱く、行政の中に、議会とは別に枢密院というのがありました。行政チェックの組織です。枢密院が文句を言うと止まったりする。議会は二院制です。衆議院が参議院より上位という原則があり、国会でものが決められるというのが戦後のあり方ですが、明治憲法下では貴族院と衆議院は全く対等でしたから、一方が反対すればだめ。差し戻して再成立なんてことはない。行政の中にも議会の中にもつぶし合うシステムがあったのです。

さらに、軍はシビリアンコントロールではなかった。軍は内閣の外にあり、陸軍は参謀総長、海軍は軍令部総長が最終責任者になっていました。だから太平洋戦争の時も、内閣総理大臣が正しい戦局を知ることができなかった。それほど別物だったのです。明治国家のデザインは、それほど徹底的に分かれていたのです。裁判所ももちろん司法が独立していました。議院内閣制でもありませんでした。

ここまで分けておくと、将軍のような強いものが天皇をないがしろにして出てくることができない。これが明治国家のデザインです。三権分立と重なるところもありました。何でもできる専制的なリーダーが、日本の政治に出てこないようにする仕掛けが重んじられてきた。それが明治維新以来なのです。

そのようにして、専制主義的な政治家が権力を持たないようにしてきたわけです。それが平成で崩れた面があると思います。明治国家以来の伝統が三権分立の擁護という観点から戦後も引き継がれて、戦後国家にも流れ込んでいた。ところが、今に続いていた権力集中忌避を見直すということが、平成に進行した。昭和までの政治と違います。それを「決められる政治」といって、右派もリベラルも礼賛してきた歴史があります。決められる政治というのは、戦前では「強力政治」といわれました。近衛文麿が大政翼賛会をつくってやろうとしたのもそれです。吉田茂も官邸主導と言いましたが、うまくいかなかった。中曽根康弘は首相を大統領みたいにしようと言ってうまくいかなかった。ところが平成になって、橋本龍太郎、小泉純一郎、小渕恵三の政治改革によって、決められる政治の仕組みというものを、憲法を変えずに作っていく流れができました。安倍晋三時代にそれがかなり完成したと思います。

なぜ平成にそうなったか。冷戦構造が崩壊し、保守と革新の対立による政治が回らなくなったと思ったからです。アメリカの民主党と共和党のように、二大保守の政党制を作ろうとしたのです。自民党に対抗しうる勢力をつくって対抗させ、政権交代するようにしようとしたのが、政党政治の改革でした。ところが、それは失敗したのです。日本は今、二大政党制にはなっていません。大失敗でした。

ではなぜ、「決められる政治」が大事だということになったか。一九九〇年以降、自民、民主問わずにそれを志向して、日本の政治は大きく変質しました。これは別のテーマになりますが、簡単に言えば、二大政党制というのは二つの政党が選挙のたびに政権交代するのが理想です。四年、八年というスパンで、アメリカ大統領が交代するように、日本でもそうなるのが健全な保守政治だと。

なぜなら、保守と革新の思想的対立がなくなり、そうなれば日本としては戦後のアメリカ的な社会、経済、政治の仕組みを続ければいいからです。その時々の政治、社会的な問題についての対応だけが問われる。小選挙区制であれば小さな政党の候補は当選しなくなりますから、大きな政党だけが残る。そういう二大政党で政権が交代すればいい。そして、政権を取っている間には、やったことの結果を出して国民の審判を仰ぐことにしなくてはならない。官僚や行政が言うことを聞かなかったんです、なんていうことになると、政治が上手くいっていないのか官僚が悪いのか分からない。だから、政治主導で決められる政治をしなくてはならない。内閣総理大臣がやった、うまくいった、だからもっとやってくれ。または、上手くいかなかった、交代してくれ、となる。

ところが、こういう「決められる政治」への変化はしたけれども、二大政党政治にはなっていない。政治主導の仕組みだけが大きくなり、官邸や総理大臣が強くなりすぎて、その権力の座に留まり続け、独裁的な政治になってきた。二大政党制がセットになるはずだったのに、うまくいかなかった。決められる政治だけが残って、安倍政権においては強力な与党が生まれた。内閣府を強化して、徹底的に省庁に言うことをきかせる。官僚人事を握る。マスコミを統制して世論をコントロールする。そしてポピュリズム、人気取り的な政治をして高い支持率を維持する。インターネットを活用した政治の仕方がポピュリズムともつながっている。こういう形で、強力な、明治以来避けてきたはずの天皇に替わる将軍のような力を持った総理大臣が、平成の終わりに出現したわけです。

改元のときの安倍首相の振る舞い方が、将軍的だというコラムを書いたことがあります。明治以来の改元システムは一世一元で、崩御が必ず伴いました。元号は政治が決めるわけですが、こんな時代を開きましょう！　ということは、前の天皇が崩御したときには、どんなにずうずうしい総理大臣でも言えないはずです。しかし、今回は崩御を伴わない改元だったので、元号の制定過程は安倍晋三首相と菅官房長官が前に出てきて、元号の意義づけまで得々として語った。元号とセットになっているのは天皇のはずなのに、天皇はそれをしないから、あたかも元号が政治のもの、内閣のもののようになってしまった。これは、日本近代が改元について経験しなかった新しい事態でした。将軍的な権力集中がなされてきた。

これからの日本で天皇の影が薄くなった場合、安倍晋三が将軍に相応しい人で、最高の政治ができる人か。これについては、今回のコロナ禍の中の振る舞いで疑問符が付いたと思います。明治以来の政治システムの中では一番強権的で将軍的な、天皇に成り代わるものとして、安倍首相の政権があったように感じますし、菅政権からもその流れは変わらないのではないでしょうか。

あくまで、将軍というのは例えのようなもので、言葉として適切でないかもしれませんが、天皇より偉く見えるほど、首相の姿が大きくなっているという点では、令和というのは特別な状況にあると思います。これからの日本は、天皇の存在がうっすらとして、政治の本体である首相がアメリカの大統領のように振る舞い、今まで以上に国民の意識や価値、内面まで支配するようになるのではないか。岩倉具視が恐れた、天皇に成り代わる将軍のようなものになっていく時代がこれからやってくるかもしれません。

令和以後の天皇制では天皇の力が弱まるかもしれない。その可能性がけっこうある。天皇の姿が見えない形で日本の世の中が進む状況が増えていく。その可能性が強くある。それが変わるかどうかは、新天皇の振る舞い方や、今後の政治、国民の倫理、戦後民主主義といったところに掛かっていると言えるでしょう。こういうことで終わりにしたいと思います。

島薗　進

1948年東京都生まれ。東京大学大学院人文科学研究科博士課程単位取得退学、筑波大学哲学思想学系研究員、東京外国語大学助手・助教授を経て、東京大学文学部（大学院人文社会系研究科）宗教学宗教史学科教授、東京大学名誉教授、現在、上智大学教授、同大学グリーフケア研究所所長。著書に『日本人の死生観を読む』（朝日選書、湯浅泰雄賞）、『原発と放射線被ばくの科学と倫理』（専修大学出版局）、『ともに悲嘆を生きる』（朝日選書）、『神聖天皇のゆくえ』（筑摩書房）、『明治大帝の誕生』（春秋社）など。

大澤真幸

1958年長野県生まれ。社会学者。東京大学大学院社会学研究科博士課程単位取得満期退学。社会学博士。千葉大学文学部助教授、京都大学大学院人間・環境学研究科教授を歴任。専門は理論社会学。著書に『ナショナリズムの由来』（講談社、毎日出版文化賞）、『自由という牢獄』（岩波書店、河合隼雄学芸賞）、『〈世界史〉の哲学』（講談社）、『社会学史』（講談社現代新書）、『コミュニケーション』（弘文堂）、共著に『ふしぎなキリスト教』（講談社現代新書）など。

片山杜秀

1963年宮城県生まれ。政治思想史研究者、音楽評論家。慶應義塾大学大学院法学研究科博士課程単位取得退学。慶應義塾大学法学部教授。著書に『音盤考現学』『音盤博物誌』（アルテスパブリッシング、サントリー学芸賞、吉田秀和賞）、『未完のファシズム』（新潮選書、司馬遼太郎賞）、『平成精神史』（幻冬舎新書）、『皇国史観』（文春新書）など。

著者略歴

原　武史

1962年東京都生まれ。早稲田大学政治経済学部卒業後、日本経済新聞社に入社。東京社会部記者として昭和天皇の最晩年を取材。東京大学大学院博士課程中退。東京大学社会科学研究所助手、山梨学院大学助教授、明治学院大学教授を経て、現在、放送大学教授。明治学院大学名誉教授。専攻は日本政治思想史。著書に『「民都」大阪対「帝都」東京』（講談社、サントリー学芸賞）、『大正天皇』（朝日選書、毎日出版文化賞）、『昭和天皇』（岩波新書、司馬遼太郎賞）、『「昭和天皇実録」を読む』（岩波新書）、『皇后考』（講談社学術文庫）、『平成の終焉』（岩波新書）など。

菅　孝行

1939年東京都生まれ。評論家。東京大学文学部卒業後、東映に入社。京都撮影所で演出助手を務める。67年に退社。PR映画・CMの演出や、予備校講師などをしつつ、評論活動を行う。公益財団法人利賀文化会議評議員、ルネサンス研究所運営委員、河合文化研究所研究員。著書に『戦う演劇人』（而立書房）、『天皇制論集第1巻　天皇制問題と日本精神史』（御茶の水書房）、『三島由紀夫と天皇』（平凡社新書）、『天皇制と闘うとはどういうことか』（航思社）、編著に『佐野碩　人と思想』（藤原書店）など。

磯前順一

1961年茨城県生まれ。静岡大学人文学部日本史・考古学専攻卒業。東京大学大学院人文科学研究科宗教学専攻博士課程中退。国際日本文化研究センター教授。著書に『記紀神話と考古学』（角川学芸出版）、『近代日本の宗教言説とその系譜』（岩波書店）、『閾の思考』（法政大学出版局）、『死者のざわめき』（河出書房新社）、『昭和・平成精神史』（講談社）など。

これからの天皇制――令和からその先へ

二〇二〇年十一月二十日　第一刷発行

著　者　原武史・菅孝行・磯前順一・島薗進・大澤真幸・片山杜秀

発行者　神田　明

発行所　株式会社　春秋社

東京都千代田区外神田二―一八―六（〒一〇一―〇〇二一）

電話〇三―三二五五―九六一一　振替〇〇一八〇―六―二四八六一

https://www.shunjusha.co.jp/

印刷所　萩原印刷株式会社

装　丁　美柑和俊

定価はカバー等に表示してあります

ISBN978-4-393-33379-2